SALZBURGER LAND

SALZKAMMERGUT
SALZBURG

INSIDER-TIPP
Deine Abkürzung ins Erleben!

Reisen mit MARCO POLO Insider-Tipps

MARCO POLO TOP-HIGHLIGHTS

DOMQUARTIER SALZBURG ★ 1

Das einzigartige Museums-Highlight zeigt auf 15 000 prachtvollen Quadratmetern 2000 überwältigende Exponate aus 1300 bewegten Jahren.

📷 *Tipp: Den besten Fotospot beim Rundgang findest du auf der Dombogenterrasse: toller Blick auf die Salzburger Altstadt.*

➤ S. 42, Stadt Salzburg

FESTUNG HOHENSALZBURG ★ 2

Mittelalterliches Wahrzeichen, wo der Salzburger Stier brüllt.

📷 *Tipp: Auf dem Weg hoch zum Mönchsberg hast du auf der Humboldtterrasse den schönsten Blick auf die Stadt!*

➤ S. 42, Stadt Salzburg

MOZARTS GEBURTSHAUS ★ 3

In den historischen Räumen ist auch die Kindergeige des Musikgenies zu bestaunen.

➤ S. 45, Stadt Salzburg

TRUMER SEENLAND ★ 4

Paradies für Wassersportfans, Sonnenanbeter und Genießer.

➤ S. 55, Flachgau

UNTERSBERG ★ 5

Der mythenumrankte Salzburger Hausberg lockt mit Wandertouren, Skiabfahrten und einer traumhaften Sicht aufs Land.

📷 *Tipp: Den Berg zu Fuß erklimmen und die einzigartigen Höhlen fotografieren.*

➤ S. 59, Flachgau

HALLSTATT ★ 6

Unesco-Welterbe-Ort mit 7000 Jahren Geschichte.

📷 *Tipp: Früh aufstehen – Hallstatt wurde durch Blogger und Instagramer zum Foto-Hype und ist selten menschenleer.*

➤ S. 76, Salzkammergut

EISRIESENWELT 7

Auch ohne selbst durchs Eis zu klettern, kannst du die geheimnisvolle Welt der Gletscher erkunden: in der größten erschlossenen Eishöhle der Welt.

➤ S. 89, Tennengau & Pongau

BURG MAUTERNDORF 8

Mittelalterliche Schaukämpfe und geheimnisvolle Burgeinblicke.

➤ S. 100, Lungau

GROSSGLOCKNER-HOCHALPENSTRASSE 9

Durchs Herz des Nationalparks zum höchsten Berg Österreichs (Foto).

➤ S. 116, Pinzgau

KRIMMLER WASSERFÄLLE 10

Durchatmen im erfrischenden Sprühregen und der imposanten Kraft des Wassers.

Tipp: Für richtig gute Fotos solltest du dich etwas von den Fällen entfernen. So fängst du die mächtige Wasserkraft des Naturwunders ein.

➤ S. 119, Pinzgau

INHALT

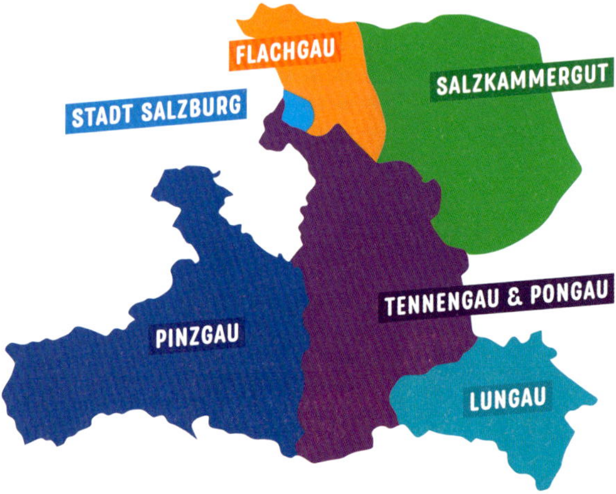
FLACHGAU
SALZKAMMERGUT
STADT SALZBURG
PINZGAU
TENNENGAU & PONGAU
LUNGAU

⏲	Besuch planen	🍴	Essen/Trinken
€–€€€	Preiskategorien	🛍	Shoppen
(*)	Kostenpflichtige Telefonnummer	🍸	Ausgehen

(🗺 A2) Herausnehmbare Faltkarte
(🗺 a2) Zusatzkarte auf der Faltkarte
(0) Außerhalb des Faltkartenausschnitts

BESSER PLANEN MEHR ERLEBEN!

Digitale Extras
go.marcopolo.de/app/sal

DAS BESTE ZUERST

Blumenwiesenidylle im Seidlwinkltal im Pongau

BEST OF

BEI REGEN

SCHÖN, AUCH WENN ES REGNET

ABENTEUER IM BADEPARADIES
Stolze 30 000 m² ist die *Alpentherme* in Bad Hofgastein groß. Dank Thermalbecken, Saunen, Speed-Rutsche, Multimedia-Erlebnisdom und Spieleraum vergehen Regentage wie im Flug.
➤ S. 95, Tennengau und Pongau

IM REGEN LERNEN
Du wolltest immer schon wissen, wie viel du auf dem Mond wiegst? Dann ab ins *Haus der Natur* in Salzburg! Dort gibt es übrigens auch einen brüllenden Dinosaurier und ein gemütliches Familiencafé.
➤ S. 46, Stadt Salzburg

KUNST MIT AUSSICHT
Kunst des 20. und 21. Jhs. erwartet dich in Salzburgs *Museum der Moderne*. Und dazu ein atemberaubender Blick vom Mönchsberg über die Altstadt beim Apfelstrudel im Museumscafé M32.
➤ S. 46, Stadt Salzburg

GÄNSEHAUT IM SAGENSCHLOSS
Der Lungau ist bekannt für schaurige Sagen und geheimnisvolle Geschichten. Im *Schloss Moosham*, das oft als Filmkulisse diente, tauchst du in die Welt der Mythen ein – Gruseleffekt inklusive.
➤ S. 101, Lungau

DIE WELT DES WASSERS
In den *Wasserwelten Krimml* bleibst du trocken, während du den Weg des Wassers von den Tauerngipfeln bis zu den Krimmler Wasserfällen in der imposanten 3D-Präsentation verfolgst.
➤ S. 119, Pinzgau

SPEKTAKULÄRE BERGWELTEN ERLEBEN
Die Hohen Tauern aus Adleraugen: Die Ausstellung *Nationalparkwelten* (Foto) führt in die einzigartige alpine Welt rund um den Großglockner, Österreichs höchsten Gipfel.
➤ S. 118, Pinzgau

BEST OF

LOW-BUDGET

FÜR DEN KLEINEN GELDBEUTEL

KÜHLES NASS FÜR LAU
Der Sprung in den See (Foto) ist im Salzburger Land oft nicht ganz billig. Viele Strandbäder reduzieren aber die Eintrittspreise nach 18 Uhr und das malerische *Waldbad Anif* ist abends kostenlos zugänglich. Perfekt für einen Sundowner an der Bar am Wasser.
➤ S. 58, Flachgau

BUSTICKETS IM VORVERKAUF ERSTEHEN
Wer sich in der Stadt Salzburg für eine Busfahrt entscheidet, kauft das Ticket am besten im Vorverkauf (z. B. in einer Trafik). So sparst du fast einen Euro pro Fahrt.

JAUSE IM BIERGARTEN
Das *Augustiner Bräustübl* in Salzburg hat den größten Biergarten Österreichs. Trink im Schatten von Kastanien das beliebte Bier. Deine Jause darfst du mitbringen, Getränke nicht!
➤ S. 49, Stadt Salzburg

FESTSPIELE OHNE EINTRITT
Am Kapitelplatz hinter dem Salzburger Dom werden bei den *Siemens-Festspielen (siemens.at/festspielnaechte)* im Juli/Aug. Festspielaufführungen live übertragen oder ältere Produktionen auf der Riesenleinwand gezeigt. Denk an warme Kleidung – Sommernächte in Salzburg sind oft kühl.

GRATIS- STATT SCHWARZFAHREN
Im Winter ist es dem öffentlichen Transport eine Freude, Sportler in ihrer Mission zu unterstützen. Wer mit Langlauf-Outfit in den Bus nach Faistenau einsteigt, fährt gratis.
➤ S. 61, Flachgau

WANDERN MIT WILDTIEREN
Im *Almdorf Schlögelberger* im Lungau wanderst du durch den *Wildpark*, und beobachtest Rotwild, Sikahirsche, Steinböcke und flauschige Alpakas aus nächster Nähe. Eintritt frei!
➤ S. 101, Lungau

BEST OF

MIT KINDERN

SPANNENDES FÜR GROSS & KLEIN

EIN ORT FÜR SPIELER
Das *Spielzeugmuseum* zeigt die schönsten historischen und aktuellen Spielsachen, und anfassen ist erlaubt! Einziger Nachteil: Hier bekommt man die Kinder nur ganz schwer wieder heraus!
➤ S. 46, Stadt Salzburg

ON TOUR MIT DEN KLEINSTEN
Mit kleinen Kindern kann man nicht wandern –von wegen! Eine spannende Tour für wanderbegeisterte Familien ist die „Mini"-Variante des *Alpenfloh-Trekking,* einer Drei-Tages-Wanderung in Großarl. Die Tagesetappen sind auch für kleine Füße ab 4 Jahren zu schaffen.
➤ S. 34, Sport

LERNEN VOM RANGER
Die Natur erkunden Kinder im Nationalpark Hohe Tauern. Aufregend ist eine Tour durch den *Rauriser Urwald* (Foto), vor allem in Begleitung eines ausgebildeten Nationalpark-Rangers. Buchen kannst du die Wanderung mit Guide über *nationalparkzentrum.at.*
➤ S. 116, Pinzgau

ZURÜCK IN DIE VERGANGENHEIT
Die *Burg Mauterndorf* ist vor allem für die kleinen Besucher ein echtes Erlebnis. Mit Kinderprogramm, eigenem Audioguide und vielem mehr endet der Besuch bestimmt nicht in Langeweile.
➤ S. 100, Lungau

MOZART ALS MARIONETTE
Vielleicht wird es der erste Theaterbesuch überhaupt, und daraus dann eine lebenslange Liebe zum Theater … wer weiß? Die kunstvoll gestalteten Figuren des *Marionettentheaters Salzburg* verzaubern auch erwachsene Zuschauer immer wieder aufs Neue. Besonders beliebt bei den Kleinen: Mozarts „Zauberflöte".
➤ S. 45, Stadt Salzburg

BEST OF

TYPISCH

DAS ERLEBST DU NUR HIER

GANZ OHR

Der Besuch der *Salzburger Festspiele* ist ein Erlebnis: Opernstars und die renommiertesten Orchester der Welt geben hier ihr Können zum Besten. Also: Abendrobe und Anzug in den Koffer, dann bist du bestens gerüstet. Tickets besser vorher online bestellen, denn Restkarten sind rar!

➤ S. 143, Feste & Events

SCHIFFERLFAHREN UND KAFFEE-TRATSCH

Kitschig schön: Eine Schifffahrt über den *Wolfgangsee*, mit der Retrozahnradbahn auf den Schafberg (Foto) und retour, durch *Sankt Wolfgang* flanieren und anschließend gibt's in *Bad Ischl* kaiserlich Kaffee und Kuchen.

➤ S. 74, Salzkammergut

FALKEN AUF DER BURG

Im Salzachtal liegt die *Erlebnisburg Hohenwerfen*. Begib dich auf einen Rundgang, erlebe hautnah den Flug von Falken und Adlern bei den Vorführungen des Landesfalkenhofs. Und anschließend geht es in die mittelalterliche Burgschenke.

➤ S. 89, Tennengau und Pongau

HÖHLENTRIP

Im Pongau wandert man nicht nur auf Bergspitzen, auch das Innere der Berge kann besichtigt werden. Die *Eisriesenwelt* in Werfen ist eine beeindruckende Reise ins Eis: Zapfen und Eisplatten reflektieren den Schein der Öllampen, die jeder Besucher selbst trägt.

➤ S. 89, Tennengau und Pongau

VON DEN SKIERN IN DEN BIKINI

Am Vormittag eine Skitour am *Kitzsteinhorn*, am Nachmittag in *Zell am See* in den See springen – klingt komisch, ist aber so: Im Salzburger Land bleibt der Gletscher bis Juli geöffnet. Das ist alles außer langweilig!

➤ S. 114, Pinzgau

SO TICKT SALZBURG

Salzburger Traditionen: Musik und Bier

ENTDECKE DAS SALZBURGER LAND

Natur, Berge und ein Pferd – was braucht es mehr für einen Urlaub?

Von wegen klein, konservativ und katholisch. Immer wieder hört man diese Worte in Bezug auf Salzburg. Dabei könnten sie falscher nicht sein. Am Vormittag Skifahren, um sich kurz darauf im See zu erfrischen? Bitte gern! Ein modernes Musikfestival am Berg oder eine Wander-Challenge auf einen Dreitausender? Geht beides. Willkommen im Salzburger Land!

DIE VIELEN GESICHTER DES SALZBURGER LANDES

Gehasst und geliebt: Die Stadt Salzburg wurde bereits von vielen Größen beschimpft. Vorzeigesalzburger Wolfgang Amadeus Mozart soll über seine Heimatstadt gesagt haben: „Ich hoffe nicht, dass es nötig ist zu sagen, dass mir an Salzburg sehr wenig und am Erzbischof gar nichts gelegen ist und ich auf beides scheiße." Und auch der weltbekannte Schriftsteller Thomas Bernhard nahm

3000–100 v. Chr. Abbau von Salz auf dem Dürrnberg

696 Der spätere Landespatron Rupert beginnt Salzburg zu missionieren und gründet St. Peter

739 Salzburg wird Bisschofssitz

1198 Vollendung des romanischen Doms in Salzburg

1498 Vertreibung der Juden aus dem Erzbistum

1756 Wolfgang Amadeus Mozart wird in Salzburg geboren

kein Blatt vor den Mund, wenn es darum ging, Salzburg zu kritisieren. Obwohl sich an ihr die Geister so sehr schieden – oder vielleicht deswegen – hat es immer wieder Menschen mit großen Plänen in die Stadt an der Salzach gezogen. Zu den berühmtesten, die schließlich hier eine zweite Heimat fanden, zählen Paracelsus, Stefan Zweig, Peter Handke oder Dietrich Mateschitz.

ALLER DANK GILT DEM SALZ

Die Stadt Salzburg selbst – Gesamtkunstwerk, strahlende Schönheit und barocke Weltstadt im Kleinformat – verdankt ihren Wandel von der mittelalterlichen Metropole zum Weltkulturerbe den prunkliebenden Fürsterzbischöfen. Großzügige Plätze, prachtvolle Kirchen wie der Dom oder die Kollegienkirche, hohe Türme, mächtige Kuppeln und darüber thronend die weiße Festung Hohensalzburg: Sie prägen seit dem 17. und 18. Jh. das Bild der Stadt. Finanziert wurden Glanz und Prunk mit den Einnahmen aus dem Salzhandel, der Abbau im benachbarten Hallein zählte zu den größten der Welt. Weitere Einnahmequellen lagen ebenfalls im Boden des Landes, dazu zählen beispielsweise der Goldabbau in den Minen in den Hohen Tauern oder die Gewinnung von Arsen im Lungau – ohne das hochgiftige Element gäbe es kein venezianisches Muranoglas.

SALZBURG-BOTSCHAFTER: WOLFGANG AMADEUS MOZART

Nach dem Ende der erzbischöflichen Ära wurde die Kulisse Salzburgs in ein romantisches Tourismusziel verwandelt, mithilfe der Ausstrahlung der Salz-

1803 Auflösung des Erzbistums

1816 Salzburg wird endgültig österreichisch

1920 Die 1. Salzburger Festspiele eröffnen mit „Jedermann"

1945–1955 Amerikanische Truppen halten das Land besetzt

1997 Die Salzburger Altstadt wird Teil des Unesco-Welterbes

2006 Eröffnung des Mozarthauses

2020 Die Salzburger Festspiele feiern 100-jähriges Bestehen burger Festspiele und ihres berühmtesten Sohns, Wolfgang Amadeus Mozart. Dass sie dem ehemals ungeliebten und rebellischen Genie „Wolferl" eine Menge verdankt, ist der Stadt bewusst, und sie würdigt den Komponisten mit zahlreichen Festivals und Events.

DIE STADT ... UND DAS LAND

Wer genug von Hochkultur hat, packt die Badehose ein und fährt nur eine halbe Autostunde in den nördlichen Flachgau. Dort warten türkisfarbene Seen auf Tretbootfahrer, Schwimmer, Angler und Träumer. Am Mattsee, Obertrumersee, Graben- und Wallersee wird gegolft, geradelt und gesegelt. Etwas weiter östlich dann, im Salzkammergut, das sich die Steiermark, Oberösterreich und Salzburg teilen, befindet sich die Wiege der guten alten Sommerfrische. Der beschauliche Charakter, der von Seen und Bergen geprägten Landschaft, ist sozusagen die Blaupause für die Sommerferien von einst, die heute einem vielfältigen Angebot vor allem für Familien Platz gemacht hat: Streichelzoos, Klettergärten, Sommerrodelbahnen, Erlebnisparks und -bäder. Stressgeplagte und Erholungsuchende kommen in der ehemaligen Kaiserstadt Bad Ischl beim Kuren im schwefel- und solehaltigen Wasser wieder ins physische und psychische Gleichgewicht.

NATURSCHUTZ AN ERSTER STELLE

Der Alpenhauptkamm im Westen des Landes mit 3000 m hohen Gipfeln, Gletschern, einsamen Tälern, Murmeltieren, Schneehasen und hochalpiner Vegetation wie Edelweiß und Enzian ist durch den Nationalpark Hohe Tauern vor jedem Eingriff geschützt. Die Nationalparkregion betreibt aktuell das größte Klimaschutzprojekt im österreichischen Tourismus: Der Service – vom Bahnhofshuttle bis zum Nationalparkwanderbus – etwa gönnt Autos eine Auszeit und die Tauern-Alpin-Genusswirte *(tauernalpin.at/genusswirte)* servieren beim „Projekt HochGenuss" ausschließlich Gerichte mit in der Nationalparkregion produzierten Zutaten. Im ersten Gletscherskigebiet Österreichs am Kitzsteinhorn, eine Autostunde südlich von Salzburg, wedeln Snowboarder und abenteuerlustige Freerider oberhalb von Kaprun über die Hänge. Zu alpiner Wellness laden im Tal die Alpentherme in Bad Hofgastein und das Tauern Spa in Kaprun ein.

KEIN MUSEUM, SONDERN ECHT

Und was für viele Tourismusdestinationen oft eine leere Worthülse ist, für die Menschen des Salzburger Landes und des Salzkammerguts ist es selbstverständlich: In Ortschaften, beim Wirtn, aufm Bankerl und auf Almen sitzt man z'sam. Regionale Spezialitäten wie Bauernbrot und Speck werden serviert und ein Schnapserl trägt dazu bei, dass die Geschichten immer aufregender werden. Traditionen werden in Kirchen, Klöstern und Regionalmuseen gelebt, Umzüge wie die Krampusläufe oder der Samsonumzug im Lungau ziehen jedes Jahr Scharen von Besuchern an und haben über Brauchtumsnachwuchs nicht zu klagen.

AUF EINEN BLICK

552.579
Menschen leben im Salzburger Land

Bremen: 682.986

18.000

Studenten besuchen die Universität Salzburg

7.156 km²
Fläche

2.570 km² Saarland

Mit 3,20 km² Fläche ist Schwarzach im Pongau der kleinste Ort im Salzburger Land

Kleinster Ort Deutschlands: Martinstein mit 0,39 km²

HÖCHSTER BERG: GROSSVENEDIGER

3.657 M

10,6 MIO.

ÜBERNACHTUNGEN IM SOMMER 2019 IM SALZBURGER LAND – TENDENZ STEIGEND

CA. 1 MIO. HEKTOLITER BIER

produziert die Salzburger Stieglbrauerei pro Jahr

46 km²

Fläche hat der Attersee – der größte, vollständig in Österreich liegende See

ÜBER 3000 PERSONEN arbeiten jährlich für die Salzburger Festspiele

NUR 1,42 METER BREIT IST DAS KLEINSTE HAUS IN SALZBURG

DAS SALZBURGER LAND VERSTEHEN

BIERTRINKERLAND

Kein Witz: Wenn du einen Salzburger fragst, welches weltbewegende Ereignis im Jahr 1492 stattgefunden hat, wirst du in den meisten Fällen nicht „die Entdeckung Amerikas" als Antwort erhalten. Viel wichtiger ist den Salzburgern, dass in jenem Jahr ihre heiß geliebte Stieglbrauerei gegründet wurde. Du merkst schon: Salzburg ist eine echte Bierstadt, was nicht zuletzt an der Nachbarschaft zu Bayern liegt. Bis heute gibt es in Salzburg viele kleine Privatbrauereien, die ganz hervorragende Biere produzieren – und das allen internationalen Konzerninteressen zum Trotz.

LOST IN TRANSLATION

Weißt du, was eine „gschtiatschte Möz" ist? Wenn nicht, mach dir nichts draus, denn du bist nicht allein. Im Salzburger Land gibt es nicht nur einen, sondern eine Vielzahl an regionalen Dialekten. Wenn du also die eingangs erwähnte *gschtiaschte Möz* nicht als niedliches Mädchen aus dem Pinzgau identifizieren konntest, macht das nichts: Den meisten Salzburgern geht es genauso. Manche Dialektausdrücke sind dennoch universell einsetzbar. Mit einem freundlichen „Griaß di" (Hallo), „Pfiat di" (Tschüss) oder einfach „Seavas" (Servus) wirst du im ganzen Land Sympathiepunkte sammeln. Leg am besten sofort los mit dem Üben!

SCHICKERIA-SCHAULAUF

1920 wurde am Salzburger Domplatz Hugo von Hofmannsthals „Jedermann" uraufgeführt. Das Stück galt als Wegbereiter der weltberühmten Salzburger Festspiele. Deshalb wird es bis heute jedes Jahr aufs Neue vor der imposanten Freiluftkulisse des Doms gezeigt. Dabei ist die Handlung nichts Besonderes: Das Stück erzählt vom Hochmut des reichen (Jeder-)Mannes, der im Angesicht des Todes zum Glauben zurückfindet. Böse Zungen behaupten, der erhobene Zeigefinger wendet sich vor allem an die betuchten Festspielgäste selbst. Gut möglich, schließlich ziehen Millionäre aller Länder jedes Jahr ihre eigene Show ab. Aber: Auch wenn die Salzburger gern über die Macken der reichen Besucher lachen, wissen sie doch um den enormen (finanziellen) Benefit des Festivals für ihre Stadt.

SCHEINHEILIG?

Du denkst beim Salzburger Land an kaiserliche Idylle à la Sisi und Franzl? Dann müssen wir dich enttäuschen: Salzburgs Geschichte verlief lange Zeit unabhängig von der k. u. k. Monarchie. Bis 1816 war das Land ein eigenständiger Kleinstaat, der von katholischen Erzbischöfen regiert wurde. Die reichen Kirchenfürsten nutzten ihre

Einnahmen aus dem Salzhandel, um Salzburgs Altstadt in ein barockes Kunstwerk zu verwandeln. Wenig feinsinnig zeigte sich der Klerus dagegen im Umgang mit Andersgläubigen: Bei mehreren Protestantenvertreibungen wurden ganze Landstriche entvölkert und auch gegen Juden ging man mit harter Hand vor.

NESTBESCHMUTZER

Mozart hasste seine Heimatstadt. So, jetzt ist es raus! Das hinderte die Salzburger freilich nicht daran, bald nach dem Tod des Genies mit der Vermarktung seines Erbes zu beginnen. Wolfgang Amadeus Mozart wurde im Jahr 1756 in der Getreidegasse 6 geboren und bereiste als musikalisches Wunderkind halb Europa. Später zog Mozart nach Wien, wo er ein echtes Künstlerleben führte: Er spielte gerne Karten und Billard, verdiente viel Geld und gab noch mehr davon aus. Ganz nebenbei schuf er in seinem kurzen Leben einige der bedeutendsten Werke klassischer Musik. Kaum auszudenken, was der Musiker mit dem absoluten Gehör noch alles geschafft hätte, wäre er nicht mit 35 gestorben.

Was Mozart seiner Heimatstadt Salzburg abgesehen von traumhafter Musik und geschmacklosen Souvenirs sonst noch beschert hat? Da wäre etwa die original Salzburger Mozartkugel. 1890 wurde erstmals vom Salzburger Konditormeister Paul Fürst ein Mozart-Bonbon vorgestellt, das er später als Mozartkugel verkaufte. Die kugelrunde Praline aus Schokolade, Nougat und grünem Pis-

Praline mit berühmtem Namen

Der Weißsee ist beinah zu schön, um wahr zu sein

tazienmarzipan wurde 1905 auf einer Pariser Ausstellung mit einer Goldmedaille ausgezeichnet. Seither gibt es unzählige Konkurrenzprodukte, die sich in Qualität und Preis allerdings deutlich vom Original unterscheiden. Zumindest behaupten das Schokoladenkenner.

Übrigens: Außer Acht gelassen werden sollte auch nicht Mozarts Schwester, von allen Nannerl genannt, die im Salzkammergut wohnte. Eine Ausstellung im *Mozarthaus in St. Gilgen* erzählt von ihrem spannenden Leben, abseits vom Kitsch in Salzburg.

INSIDER-TIPP
Talentierte Schwester

NATURWUNDER

Mund zu, weiteratmen: Beim Anblick von Europas höchsten Wasserfällen in Krimml kann schon mal vor lauter Staunen der Mund offen bleiben. Dabei handelt es sich bei den mächtigen Kaskaden nur um eines von vielen Naturwundern, die du im Nationalpark Hohe Tauern besuchen kannst. Die Hohen Tauern sind eine Gebirgskette, die sich im Süden des Salzburger Landes zu mächtigen Dreitausendern auftürmt. Schon vor Jahrzehnten wurde sie zum Nationalpark erklärt. Seitdem finden Ausflügler und Abenteurer hier ein Naturparadies vor, das weltweit seinesgleichen sucht. Highlights gibt es hier viele zu entdecken: Etwa die Großglockner-Hochalpenstraße mit ihren Serpentinen und traumhaften Ausblicken, den Rauriser Urwald oder den fast schon kitschig schönen hochalpinen Weißsee in

Uttendorf. Hier herrschen arktische Klimabedingungen, auch wenn die früher mächtigen Gletscher immer kleiner werden. Im Museum im *Nationalparkzentrum Hohe Tauern* (s. S. 118) in Mittersill werden die Geschichte und der Lebensraum der Hohen Tauern unterhaltsam vermittelt. Absolut familientauglich, keine Langeweile!

GELDQUELLE

Dem „weißen Gold" haben Stadt und Land, die Salzach und das Salzkammergut ihre Namen zu verdanken. Die Salzlagerstätten im Dürrnberg bei Hallein sowie in Hallstatt und Umgebung machten die Gegend schon früh zu einem Gewerbeland. Das Salz begründete und festigte Macht und Reichtum der Fürsterzbischöfe und veranlasste die Habsburger zu Beginn des 14. Jhs., einen eigenen Salzwirtschaftsstaat – das Salzkammergut – zu betreiben. Orte, in deren Geschichte das Salz eine große Rolle spielte, tragen oft das mittelhochdeutsche Wort *Hall* (für Salz) im Namen.

FILMGESCHICHTE

Du glaubst, Mozart und die Festspiele sind Salzburgs berühmtestes Aushängeschild in Übersee? Irrtum! Amerikaner denken beim Stichwort Salzburg vor allem an eines: den Film „The Sound of Music". Die berühmte Musicalverfilmung erzählt vom Leben der Salzburger Familie Trapp, die vor den Nazis in die USA fliehen musste und dort als Trapp Family Singers berühmt wurde.

KLISCHEE KISTE

SALZBURGER WAS?

Erwartungsvolle Augen und intensiver Speichelfluss. Salzburgs Gäste sind sich einig: Gleich nach Ankunft scheint es zum guten Ton zu gehören, sich durch die vielgelobten Salzburger Nockerl zu löffeln. Benannt nach den drei lokalen Stadtbergen ist die Süßspeise aus Ei, Zucker und Mehl nicht gerade gesund, sehr wohl aber bekannt – zumindest außerhalb der echten Salzburger Stadtberge. Einen Local hauen die Nocken nicht vom Hocker. Gut möglich, dass er sie noch nie probiert hat. Tipp: Diesen Happen auslassen, das Rezept zu Hause googeln, zu einem Bruchteil der Kosten nachmachen und beim Genießen in Erinnerung an Salzburg schwelgen.

STADT DER SNOBS

Die renommierten Salzburger Festspiele tragen das Image der reichen Stadt in die ganze Welt – ein Image, das die Stadt ganz schön alt aussehen lässt. Glaubt man den Pressebildern, stolzieren in den mittelalterlichen Gässchen ausschließlich Damen in langen Roben mit Herren im Frack herum. Hier ist Protest angebracht: Außerhalb der Festspielzeit sucht man vergeblich nach Designerkleidung am Pflasterstein. Stattdessen sieht man viele junge Menschen, die frischen Wind in die Kreativszene bringen.

Ende der 1950er-Jahre wurde die Lebensgeschichte erst zum Musical, dann zum Hollywood-Blockbuster. Jedes Jahr kommen deshalb rund eine Viertel Million US-Amerikaner zu Besuch. Fragst du hingegen einen waschechten Salzburger, ob er „The Sound of Music" kenne, wirst du oft ein Kopfschütteln ernten. In den letzten Jahren haben Salzburgs Tourismuswerber jedoch erkannt, dass mit der „The Sound of Music"-Mania richtig viel Geld zu verdienen ist. Und – dreimal darfst du raten – seitdem gibt es neben der kitschigen „Sound of Music Tour" auch Dinnershows, Radtouren und sogar ein Musical am Landestheater. Der Rubel rollt, gesehen hat den Film in Salzburg trotzdem niemand.

SCHNÜRLREGEN

Der Salzburger Schnürlregen ist kein eigenes Wetterphänomen, sondern schlicht ein Nieselregen. Vielleicht aber auch ein „Gschichterl", eine erfundene Geschichte, die in der Anfangszeit des Tourismus entstand. Vermutlich hat die Hommage Erich Kästners an den Salzburger Regen in seinem Buch „Der kleine Grenzverkehr" sie noch verstärkt: „Ziehen Sie die ältesten Schuhe an, die in Ihrem Schrank vergessen stehn! Denn Sie sollten wirklich dann und wann – auch bei Regen durch die Straßen gehen …", so heißt es da. Ja, folge dem Rat Kästners, mach dich mit einem Schirm auf den Weg, kehre auf deinem Spaziergang in einem der rund 50 Kaffeehäuser der Stadt ein und stärk dich mit Salzburger Nockerln und einem Verlängerten.

MARKENZEICHEN

Red Bull kennt man überall auf der Welt. Was viele nicht wissen: Das Headquarter des Getränkeunternehmens steht im Salzburger Land, genauer gesagt in Fuschl am See. Dort ranken an der Straße Glaspavillons aus einem angelegten Wasserbecken, davor steht das Werk des Osttiroler Bildhauers und Künstlers Jos Pirkner: mehrere Bronzebullen, die aus dem Wasser steigen. Red Bull ist für Salzburger aber mehr als eine Getränkemarke. Das lifestylige Unternehmen bietet Jobs für junge Menschen und gestaltet auch das kulturelle Leben vor Ort mit. So findet man unter den lokalen Jahreshighlights z. B. den „Gstanzl-Battle", bei dem junge Rapper auf der Bühne gegen den klassischen Salzburger Singsang, das *Gstanzl*, antreten. Doch der Energydrinkproduzent hat nicht nur Fans: Viel Kritik bekam der Konzern etwa für die Vereinnahmung des lokalen Fußballvereins oder für die rechtspopulistischen Rülpser des Markentestimonials Felix Baumgartner. So ist der Drink unter Salzburgern jeden Alters ein beliebtes Streitthema.

WELTBERÜHMT

Um die Entstehung des Weihnachtsliedes „Stille Nacht, Heilige Nacht" ranken sich viele Mythen. Die Lieblingsvariante der Salzburger besagt, das Lied sei entstanden, als in der Oberndorfer Kirche am Weihnachtsabend die Orgel kaputtging und abschließend zwei Männer aus dem Dorf mit ihrer Gitarre und einer einfachen Melodie das Fest retteten. Die

Wahrheit ist – du ahnst es – weniger spektakulär: 1816 schrieb der Arnsdorfer Hilfspriester Joseph Mohr den Liedtext, zwei Jahre später ließ sich Dorfschullehrer Franz Xaver Gruber die Melodie einfallen. Fakt ist: Das Lied wurde ein Hit und in mehr als 300 Sprachen und Dialekte übersetzt. Heute zwingt „Stille Nacht, Heilige Nacht" zu Weihnachten auch die standhaftesten Salzburger emotional in die Knie.

WIEDERBELEBT

War es vor einigen Jahren unter jungen Salzburgern noch uninteressant, Bräuche zu pflegen, gehört es nun wieder zum guten Ton. Ein winterlicher Brauch im Alpenraum ist der Krampus- oder Perchtenlauf. Krampusse begleiten rund um den 6. Dezember den Heiligen Nikolaus auf seiner Tour. Ein wenig Angst darf man vor den gruseligen Gestalten mit ihren Holzmasken und fellbedeckten Körpern schon haben: Mit ihren Ruten aus Zweigen schlagen sie gern zu und hinterlassen rote Striemen auf der Haut. Salzburger Kinder wachsen zwischen Faszination und Angst vor Krampussen auf. Schließlich richten diese einmal im Jahr darüber, ob man brav genug war, um den Schlägen zu entgehen. Die Bedeutung des Krampusbrauches hat sich übrigens im Laufe der Zeit geändert. Früher sollten die hässlichen Kerle böse Geister vertreiben, heute ist der Brauch ein Anlass, im Ort zusammenzukommen und die kunstvoll geschnitzten Masken der sogenannten „Pässe", also der Vereine, zu bewundern.

Masken, die das Fürchten lehren: Krampusse, die Begleiter des Heiligen Nikolaus

ESSEN
SHOPPEN
SPORT

Nichts geht über eine Almjause nach dem Wandern

ESSEN & TRINKEN

Jung, regional und kreativ: Die Salzburger Küche macht Platz für eine neue Generation an Kulinarik-Könnern und ihre Neuinterpretationen von Traditionellem. Von der oft deftigen Hausmannskost über leichte Biokost bis hin zur hochdekorierten Sterneküche findet man im Salzburger Land eine breite Palette an kulinarischen Leckerbissen – und jede Region hat ihre eigenen Spezialitäten.

HAUBENTRÄGER MIT STIL

Bei der Salzburger Hausmannskost spielt in Butterschmalz Ausgebackenes, wie Krapfen, Bladln und Hasenöhrl eine gewichtige Rolle, die Bioküche variiert mit regionalen Produkten, wobei auch Vegetarisches und Veganes immer mehr Einzug in Salzburgs Gastronomie finden. Die Sterne- und Haubenküche begibt sich gern auf molekulare Ebenen. Die hohe Qualität, die die Salzburger Küche in den vergangenen Jahren erreicht hat, spiegelt sich auch im Fachurteil der Restaurantkritiker wider. Im Salzburger Land finden sich einige Haubenträger, die die Auszeichnung bis zu vier Mal erhalten haben, aufgesetzt durch unterschiedliche Restaurantkritiker von z. B. dem Gault-Millau. Kreativität in der Küche wird dabei großgeschrieben – auch in der Menüpräsentation. Da kommt es schon einmal vor, dass sich das Servicepersonal in richtige Storyteller verwandelt und lebhaft die Entstehungsgeschichte des vorgesetzten Menüs erzählt, während Consommé und Co. in die Teller fließt.

JUNG UND REGIONAL

In Salzburg und Umgebung hat das internationale Festspielpublikum eine kreative, regional gefärbte Küche gefördert. Dabei spielen nicht nur die altehrwürdigen Köche eine wichtige Rolle. Jung und regional sind die

Fluffig, süß und berühmt: Kaiserschmarrn (re.)

Stichworte. Das Gute ist so nah, daher machen viele Köche Saisonalität wieder salonfähig, mit Zutaten aus den Salzburger Regionen. Vom Tennengauer Berglamm über Carpaccio von der Roten Bete bis zu Obst und Gemüse, frisch vom Hof: Regionalität hat Aufwind.

INSIDER-TIPP
Direkt vom Erzeuger

Durchforste doch selbst mal einen der Hofläden. Die hochwertigen Produkte sind günstiger als in den Handelsketten, und die lokale Landwirtschaft profitiert ebenfalls.

VON KNÖDELN BIS NOCKEN

Eine typische Salzburger Küche mit unverwechselbaren Gerichten gibt es nicht, vielmehr zeichnet sich jeder Landesteil durch einzelne Gerichte aus. So unterscheiden sich die Pinzgauer Kaspressknödel von den Lungauer Kasknödeln dadurch, dass der Bergkäse im Pinzgau härter und pikanter ist. Auch das Gelingen von Kasnocken hängt stark von der Käsequalität ab. Sie werden in einer großen Pfanne, die auf einem „Pfannenknecht" steht, und mit grünem Salat als Beilage aufgetragen. Was die Kasnocken für den Pinzgauer, sind für den Pongauer Bladl – ein meist mit Roggenmehl zubereiteter Teig, in Quadrate oder Dreiecke geschnitten und in Fett ausgebacken – und Fleischkrapfen. Dazu gibt es Sauerkraut, das oft als Beilage zu finden ist. Nocken werden in allen Landesteilen gern gegessen, besonders in der süßen Variante mit Früchten der Jahreszeit wie Ribisel (Johannisbeeren), Moosbeeren (Heidelbeeren), Kirschen, Äpfeln, Birnen oder Zwetschgen. Die adelige Krönung all dessen ist der Kaiserschmarrn, um dessen Herkunft sich viele Legenden ranken. Als unbestritten gilt, dass er den Namen von Kaiser Franz Joseph I. hat, der angeblich meinte: „Na geb' er mir

Feine Tropfen für Genießer: Apfelbrand

halt den Schmarrn her, den unser Leopold da wieder z'sammenkocht hat."

AUS DEM WASSER

Die vielen Salzburger Gewässer liefern Forellen und Karpfen. Einzigartig ist Walter Grülls Störzucht *(gruell-salzburg.at)* in Grödig, sein weißer Kaviar erzielt in der Spitzengastronomie astronomische Preise, in Hallwang/Tiefenbach ist Salzburgs erste Biofischzucht angesiedelt *(biofischzucht-krieg.at)*, und in Sankt Wolfgang gibt's bei der *Wolfgangsee Fischerei Höpflinger* Reinanke, Saibling oder Karpfen.

SCHENK DIR EIN!

Das Salzburger Land und das Salzkammergut sind keine Weinanbaugebiete. Dafür blickt man auf eine jahrhundertelange Biertradition (s. S. 18) zurück, was sich auch in der Speisezubereitung, wie etwa bei der Biersuppe oder dem Bierfleisch, einer Spezialität aus der Stadt Salzburg, niederschlägt. Vielerorts sprießen kleine Brauereien aus dem Boden. Als Wanderbrauer oder in Mikrobrauereien stellen Bierbarone der Moderne ihre ganz eigenen Kreationen vor – sehr erfolgreich. Keinen Wein anzubauen, heißt aber keinesfalls, nichts von Wein zu verstehen. Neben den Spitzenrestaurants zeichnen sich auch kleine Gasthöfe und Lokale durch ein qualitätsbewusstes Weinangebot aus, wobei österreichische Weine wie Zweigelt und Grüner Veltliner bevorzugt auf der Karte stehen.

VOM B(R)AUER ZUM BRÜHER

Salzburg ist nicht Wien, aber der Kaffee, der klassisch österreichisch als Brauner oder Verlängerter serviert wird, steht dem aus der Welthauptstadt der Kaffeehäuser in nichts nach. Lokale Röstereien haben sich Nachhaltigkeit auf die Fahnen geschrieben und arbeiten an eigenen Kaffeemischungen, die nicht nur gut schmecken, sondern auch fair gehandelt sind.

GEBRANNTES

Mit der Rechnung kommt oft der Schnaps. Im Herbst, wenn die Früchte der Eberesche dunkelrot sind, beginnt der Wettkampf zwischen Schnapsbrennern und Vögeln: Wer ist schneller? Ist es der Schnapsbrenner, gibt es im nächsten Jahr wieder einen „Vogelbeernen". Das Sortiment geht freilich darüber hinaus bis hin zum Obstler, Birnen- und Marillenschnaps.

Unsere Empfehlung heute

Vorspeisen

LUNGAUER EACHTLINGSUPPE
Suppe aus einer speziellen Kartoffelsorte aus dem Lungau

BIERSUPPE
Rindssuppe, gekocht mit dunklem Bier, Zwiebeln und Schwarzbrotwürfeln

FRITTATENSUPPE
deftige Rindssuppe mit in Scheiben geschnittenen Palatschinken (Pfannkuchen) als Einlage

Hauptgerichte

FLEISCHKRAPFEN
Teigtaschen mit gekochtem Rindfleisch (geselchter Schopf), Speck, Zwiebel, Knoblauch und Petersilie gefüllt und in Fett ausgebacken

KASNOCKEN
mit Käse überbackene Spätzle, garniert mit gerösteten Zwiebeln und Schnittlauch

HIRSCHBRATEN
Wildfleisch, gereicht mit Kroketten, Rotkraut und Semmelknödeln

SERVIETTENKNÖDEL MIT EIERSCHWAMMERLSAUCE
Pfifferlinge in Rahmsauce mit Knödel

MOSTBRATL
mit Selchspeckscheiben belegter und in ein Schweinsnetz eingeschlagener Schopfbraten, dazu Kartoffel- oder Semmelknödel

MARILLENKNÖDEL
süße Hauptspeise aus Kartoffelteig mit heißem Marillenkern

Desserts

HANDGEZOGENER APFELSTRUDEL
heißer Apfelstrudel, mit kalter Milch übergossen

MOOSBEERNOCKEN
aus dickflüssigem Blaubeerteig gebackene Pfannkuchen

KAISERSCHMARRN
Mehlspeise mit Rosinen, meist mit Zwetschgenröster, einer Art Kompott, serviert

SALZBURGER NOCKERL
Süßspeise aus geschlagenem Eiweiß, im Ofen goldbraun gebacken

SHOPPEN & STÖBERN

EIN SCHLUCKERL IN EHREN …

… wird kein Salzburger jemals verwehren. Jede Menge Brennereien und Brauereien im Salzburger Land blicken auf eine lange Tradition zurück und liefern nicht nur optisch ansprechende, sondern auch geschmacklich hochwertige Mitbringsel. Goldrichtig liegst du, wenn du eine Flasche Hopfensaft mit nach Hause nimmst. In vielen Regionen schießen Mikrobrauereien aus dem Boden, deren Besitzer dem Biermarkt ihre ganz eigene Note verleihen und Traditionen neu interpretieren. Etwas Angeberwissen holst du dir übrigens bei diversen Brauerei-Führungen, die fast immer in intensiven Verkostungen enden.

WALD IM WEINGLAS

Schon einmal versucht, einen ganzen Wald in eine alte Weinflasche zu stopfen und mit nach Hause zu nehmen? Im Süden der Stadt Salzburg werden so oder so ähnlich von der Firma *Looops (looopskerzen.at | Online-Shop)* wunderbare, handgemachte Duftkerzen hergestellt, die in vielen Geschäften erhältlich sind. Mit Geruchsnoten wie Waldgeist, Gebirgsbach, Sonnenstunden oder Bergluft bleibt die Urlaubserinnerung noch lange nach der Abreise lebendig.

INSIDER-TIPP
Bergluft für zu Hause

FÜRS BAUCHERL

Salzburgs Bauern produzieren seit vielen Jahren unter biologischen Gesichtspunkten. Sehr viele verkaufen ihre Produkte frisch vom Hof oder auf Bauernmärkten in Stadt und Land. Von selbst gemachten Säften und Marmeladen über handgeschöpften Rohmilchkäse bis zu würzigem Brot und Speck ist alles zu haben, was der Hof hergibt. Märkte in der Stadt Salzburg findest du auf dem *Grünmarkt (Mo–*

Regionales auf dem Grünmarkt (li.), Trachten am Residenzplatz (re.)

Sa | (🕮 c4) am Salzburger Universitätsplatz und am Donnerstagvormittag auf der *Schranne (🕮 c3)* am Mirabellplatz statt, einen *Biomarkt* kannst du freitags auf dem Kajetanerplatz *(🕮 d5)* besuchen.

GLÜCKLICHMACHER

Mozart mag man, vor allem wenn man in der Stadt Salzburg unterwegs ist. Dabei zahlt es sich selbst für Schokoladenkritiker aus, in eine der weltberühmten Mozartkugeln zu beißen. Diese besteht aus einem Pistazienmarzipankern, umhüllt von einer dicken Nougatschicht, die dünn mit Schokolade überzogen ist. Perfekt zum Mitnehmen ist übrigens die Sachertorte – sicher verpackt in einer hübschen Holzschachtel. Aus der Pinzgauer Schoko-Schöpfkelle der *Confiserie Berger (confiserie-berger.at)* in Lofer kommen moderne Kreationen in interessanten Geschmacksrichtungen, Traditionelles kaufst du in der Halleiner *Confiserie Braun (Unterer Markt 8 | Filiale in Salzburg: Churfürststr. 4).*

ALTES IM NEUEN GEWAND

Eine echte Tracht ist nicht billig, dafür hat man sie ein Leben lang. Seit die traditionelle Kleidung ihren altmodischen Mief abgelegt hat, schlüpfen auch junge Salzburger wieder in Lederhose und Dirndlkleid, kombiniert mit coolen Sneakers und lässigen Hemden. Trachten gibt es in allen Farben und Formen, abhängig von den Regionen, in der sie gekauft werden. Hinfällig sind die Regeln, wie Dirndlkleid und Lederhose zu kombinieren seien, heute wird getragen, was gefällt. Vor allem, wenn die Modelle von *ploom (ploom.at)* stammen: Die kleine Manufaktur hat spannende Schnitte und verrückte Kombis. Aus dem Pinzgau kommen die Kreationen von *Mirabell Plummer (mirabellplummer.at).*

SPORT

Noch vor dem ersten Tag im Kindergarten stehen Salzburger das erste Mal auf Skiern. Kein Wunder, dass Sport im Salzburger Land einen besonderen Platz einnimmt.

S wie Salzburg, S wie Sport: Aufgrund der Verbindung von Hochgebirge, sanftem Alpenvorland und Seen ist alles möglich: extreme Berg- und Klettertouren, Gletscherwanderungen, Rafting, Canyoning, Hydrospeed, Mountainbiking, Trekking, Radeln an Flüssen und Seeufern, Paragliding und Sportfliegen; nicht zu vergessen Schwimmen, Segeln, Rudern, Angeln, Golfen und Reiten. Vom Skifahren nicht zu reden, ob im Wedel- und Carvingstil, mit dem Snowboard oder einem trendigen Funsportgerät. Ein dichtes Netz bestens ausgeschilderter Rad- und Wanderwege führt zu idyllischen Plätzen. Für Sportarten, die du nicht allein unternehmen darfst oder kannst, stehen dir erfahrene Führer und Begleiter zur Verfügung. Wer sich im Urlaub ganz ohne Risiko bewegen möchte, versichert sich über eine Mitgliedschaft bei den Naturfreunden *(naturfreunde.at)* oder dem Alpenverein *(alpenverein.at)*.

INSIDER-TIPP
Sicher ist sicher

ANGELN

Trotz seiner kleinen Fläche ist das Salzburger Land reich an Bächen, Flüssen, natürlichen Seen, künstlich angelegten Stauseen oder Teichen. Nicht nur die hohe Wasserqualität, sondern auch das Erlebnis Natur lassen immer mehr Menschen zur Angelrute greifen. Wunderschön angelst du an Lungaus Flüssen, z. B. entlang der Longa oder am Wolfgangsee. Achtung: Auch Eintages-Fischer benötigen hierfür eine gültige Anglerkarte. Infos unter: *fischerei verband.at*

FLIEGEN & PARAGLIDING

Die *Alpine Segelflugschule Zell am See (Kapruner Str. 15 | Tel. 06542 57 22 50 | flugschule-zellamsee.at)* bietet Motor- und Segelfluglehrgänge an. Weniger aufwendig lässt sich die Lust aufs Fliegen mit dem Paraglider realisieren: *Flugschule Austria Fly (Weng 211 | Werfenweng | Tel. 0664 4 42 00 02 | Tel.0664 3 56 24 68 | austriafly.at)*.

RADFAHREN & MOUNTAINBIKING

Der ★ *Tauernradweg* führt von Krimml über das Salzach- oder Saalachtal bis in die Stadt Salzburg, von dort weiter bis zur Innmündung und nach Passau. Die Gesamtstrecke beträgt 330 km bei einem Höhenunterschied von etwa 700 m.

Im Lungau führen idyllische, flache Radwege 170 km durch Wiesen und Wälder. Landschaftlich sehr reizvoll sind die Radwanderwege im Trumer Seenland. Für Mountainbiker ist von der Schnuppertour bis zu anspruchsvollen Up-and-Downhills zwischen Krimml und Bad Aussee alles zu finden. Die Crew des *Bikeparks Leogang (Tageskarte ab 44 Euro | Tel. 06583 82 19 | bikepark-leogang.com)* bietet geführte Touren, Workshops und Unterricht in der Bikeschule. Für Kinder gibt es einen eigenen Trail, den *„Riders Playground" (4 Std. ab 18,50 Euro)*. Hier können kleine Abenteurer mithilfe von Bike-Coaches und unter Aufsicht ihrer Eltern Jumps ausprobieren. Weitere Hotspots: *Bike Circus Saalbach-Hinterglemm, Mountainbikepark Wagrain, Bikeparks Wildkogel* und *Maiskogel*. Infos unter *salzburgerland.com/de/bike*.

REITEN

In vielen Orten gibt es Reitställe. Daneben werden in Bad Hofgastein,

Sankt Georgen im Attergau und Straßwalchen auch Reiterferien angeboten *(salzburgerland.com/de/tierfans-aufgepasst/).* Pferdetrekkings beginnen in Neukirchen am Großvenediger. Auf vielen Bauernhöfen, die Urlaub anbieten *(urlaubambauernhof.at)* sind Reitstunden für Anfänger und Fortgeschrittene ebenso möglich wie Ausritte.

SURFEN, SEGELN & SCHWIMMEN

Auf den Seen des Salzkammerguts, des Alpenvorlandes und auf dem Zeller See herrscht selten Flaute. Einstiegsstellen für Surfer sind gekennzeichnet. In zahlreichen Orten gibt es Segelschulen, Boote und Verleihmöglichkeiten für Surfboards. An den größeren Seen ist Schwimmen meist nur in Strandbädern möglich.

Auch für Kitesurfer hält das Salzburger Land einige nautische Schmankerl bereit. Am *Mattsee, Wallersee* oder *Wolfgangsee* bläst ein besonders starker Wind und sorgt so für unvergessliche Stunden am Brett. Wenn dir das noch nicht genug Abenteuer ist, dann schnapp dir ein Riversurfboard und probier die künstlich angelegte *Almwelle des Almkanals Salzburg (almkanal.at)* – urbane Surfervibes inklusive.

WANDERN, BERGSTEIGEN & KLETTERN

7200 km markierte Wanderwege, darunter der *Arno-Rundwanderweg,* der *Jakobsweg* durch das Saalachtal und der *Sankt-Rupert-Pilgerweg* zwischen Bischofshofen und Sankt Gilgen durchziehen das Salzburger Land. In der Welt der Zwei- und Dreitausender gibt es etwa im *Großarltal* Wege, Steige und Routen aller Schwierigkeitsgrade. Gute Ausrüstung und ein offenes Ohr für die Ratschläge und Warnungen der erfahrenen Hüttenwirte vorausgesetzt, wird deine Wanderung ein unvergessliches – und sicheres! – Erlebnis.

Eine spannende Tour für wanderbegeisterte Familien ist das *Alpenfloh-Trekking,* eine Drei-Tages-Wanderung in Großarl, die sich für Kinder ab 4 J. eignet *(short.travel/sal8).* Die Tagesetappen und die Gehdauer von 2–4 Std. sind absolut kindgerecht. Auch der *Heilbronner Rundwanderweg (bergfex.at)* ist besonders für Familien geeignet.

Klettergärten gibt es am *Pass Lueg* und am *Plombergstein* (auch für Kinder), eine Boulderanlage in *Rif.* Eisklettern ist u. a. im *Gasteiner Tal,* in der *Strubklamm* und in der *Sigmund-Thun-Klamm* bei Kaprun möglich. Selbst in der Stadt Salzburg finden Kletterer Trainingsmöglichkeiten: Auf der *Müllner Schanze am Mönchsberg* gibt es einen Parcours für Anfänger und Fortgeschrittene, echtes Können verlangt die *City Wall (short.travel/sal9)* in der Glockengasse.

INSIDER-TIPP
Urban Climbing mit Aussicht

WILDWASSERSPORT

Rafting auf der Lammer, auf der Salzach, der Saalach, der Enns und der Mur wird sowohl für Familien als auch für abenteuerlustige Fortgeschrittene angeboten. Für den ulti-

Die etwas andere Bootstour mit Nervenkitzel und garantiertem Vollbad: Rafting

mativen Kick sorgen Canyoning und Hydrospeed, wenn man, geschützt durch Helm und Neoprenanzug, im Sprühregen eines Wasserfalls über eine glitschige Rinne in ein Wasserbecken saust. Anbieter sind der *Adventure Service Outdoorsports (Salzachtal Bundesstr. 22 | Zell am See | Tel. 0664 5 05 99 20 | adventureservice.at)*, das *Outdoor Team Geisler (Saalfelden | Tel. 0664 2 80 78 38 | outdoor-geisler.at)* oder *Motion Center (Lofer 330 | Tel. 06588 75 24 | motion.co.at)*.

WINTERSPORT

Für grenzenlosen Skispaß sorgen große, kleine und grenzübergreifende Skigebiete mit rund 2500 Pistenkilometern. Von schweren bis leichten Pisten, für Profis bis hin zu Anfängern, ist für jeden etwas dabei. Freestyler kommen in den Funparks auf ihre Kosten. Fast ganzjährig geöffnet ist das Gletscherskigebiet Kaprun-Kitzsteinhorn *(kitzsteinhorn.at)*, die übrigen Skigebiete je nach Schneelage. Die Preise variieren je nach Gebiet. In den Monaten März und April gibt es für Skiläufer in fast allen Gegenden günstige Kombiangebote (Piste plus Hotel).

INSIDER-TIPP
Frühlingssonne und Ski im Paket

Tourengehen, Freeriden oder Schneeschuhwandern abseits der Pisten werden immer beliebter. Hier heißt es aber: nicht allein oder ohne ausreichende Ausrüstung ins Gelände, unbedingt die Infos des Lawinenwarndienstes, der Bergrettung und der Einheimischen beachten!

DIE REGIONEN IM ÜBERBLICK

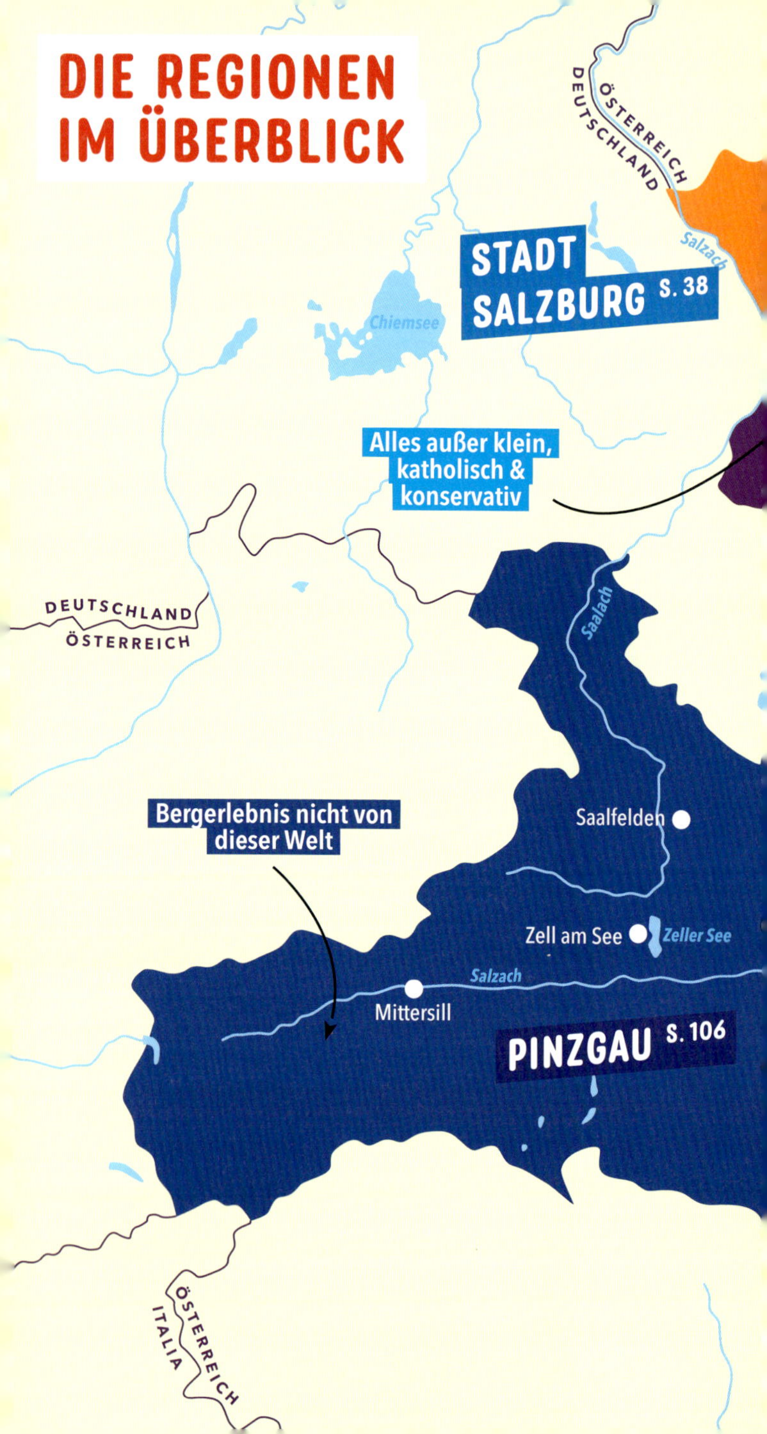

Abschalten statt Après-Ski
Sommerfrische für müde Menschen
Neumarkt
Wallersee
Irrsee
Gmunden
Traunsee
FLACHGAU S. 54
Attersee
Mondsee
Ebensee
SALZBURG
Traun
Bad Ischl
Wolfgangsee
SALZKAMMERGUT S. 66
Hallein
Hallstätter See
Abtenau
TENNENGAU & PONGAU S. 82
Gute Luft, die gute Laune macht
Enns
St. Johann im Pongau
LUNGAU S. 96
Bad Gastein
St. Michael
Mur
Ein verträumter, sonnenreicher Winkel mit eigenem Tempo
10 km
6.21 mi

STADT SALZBURG

MEHR ALS MOZART

Kopfsteinpflaster, mittelalterliche Gassen und der beeindruckende Blick auf die Festung Hohensalzburg: Salzburg vereint die Welt von gestern mit einem lebenswerten Ort für (junge) Bewohner. Die Altstadt ist nicht nur Ziel vieler Gäste, sondern auch ein beliebter Treffpunkt von Locals: die Getreidegasse mit ihren vielen Läden, die Salzach mit den gemütlichen Ufern zum Sitzen und Entspannen, die Stadtberge, die in nur wenigen Minuten vom Zentrum aus erreichbar sind.

Blick auf Salzburg und die Festung Hohensalzburg

Neben der hohen Lebensqualität ist die Mozartstadt ein kultureller Hotspot: Da sind die Festspiele im Sommer, das Winterfest mit seiner ausgefallenen Zirkuskunst in der kalten Jahreszeit und die Musikstudenten, die kostengünstige, aber herausragende Konzerte *(uni-mozarteum.at)* für Insider geben. Und das urbane Selbstverständnis ist nicht jenes einer Kleinstadt, oft fühlen sich die Salzburger sogar als Mittelpunkt der Welt – trotz der bescheidenen Einwohnerzahl von 150 000 Personen.

STADT SALZBURG

MARCO POLO HIGHLIGHTS

★ **DOMQUARTIER SALZBURG**
Die Museumshighlights in einem Rundgang ➤ S. 42

★ **FESTUNG HOHENSALZBURG**
Imposante Demonstration der Macht, 119 m über der Stadt thronend ➤ S. 42

★ **KOLLEGIENKIRCHE**
Einer der schönsten Spielorte der Festspiele ➤ S. 44

★ **MOZARTS GEBURTSHAUS**
Das Haus, in dem das Salzburger Musikgenie geboren wurde ➤ S. 45

★ **SALZBURG MUSEUM**
Neues Landesmuseum in altem Gemäuer – und in modernster Architektur gestaltet ➤ S. 47

★ **ZOO SALZBURG**
Die mehr als 140 Tierarten kannst du im Sommer auch abends besuchen ➤ S. 49

Imlauer
Die Weisse
Schrannengasse
Wolf-
Straße
Franz-Josef-Straße
Auerspergstraße
8 Schloss Mirabell
Faberstraße
Lodron-
Paris-
Dietrich-Straße
Schallmooser Hauptstraße
Mirabellplatz
Mirabellplatz
Bruderhof
Glockengasse
11 Friedhof Sankt Sebastian
Ludwig
Dreifaltigkeitsgasse
Priesterhausgasse
Bergstraße
Linzer Gasse
Marionettentheater
10
Makartpl.
9 Mozart-Wohnhaus
Kapuzinerberg
Schwarzstraße
Stefan-Zweig-Weg
Makartsteg
Bazar
Staatsbrücke
Giselakai
Griesgasse
Steingasse
Imbergstraße
Salzach
6 Getreide-gasse
7 Mozarts Geburtshaus
Kollegienkirche
Universitätsplatz 5
Alter Markt
Brodgasse
Judengasse
Rudolfskai
Mozartsteg
Tomaselli
Traklhaus am Waagplatz
18
Mozartplatz
Kaffee Alchemie
5 Großes Festspielhaus
Residenzplatz
16 Salzburg Museum
Triangel
3 Domquartier Salzburg
Hofstallgasse
Pfeifergasse
17 Museum der Moderne Rupertinum
Basteigasse
5 Haus für Mozart
Domplatz 5
2 Dom
220 Grad
5 Felsenreitschule
19 Stefan Zweig Centre Salzburg
Kapitelgasse
Krotachg.
Pfeifergasse
4 Sankt Peter
15 Pferdeschwemme (Kapitelplatz)
Kaigasse
Dr.-Herbert-Klein-Weg
Festungsgasse
Pauli Stubm
Stift Nonnberg 21
Oskar-Kokoschka-Weg
1 Festung Hohensalzburg
Dr.-Ludwig-Prähauser-Weg
The Green Garden
Zugallistr.
Zoo Salzburg 22
127 m
139 yd
20 Stiftsarmstollen
Brunnhausg.

SIGHTSEEING

1 FESTUNG HOHENSALZBURG ★

Weil die Fürsterzbischöfe sich geschickt aus allen großen Konflikten heraushielten, wurde Salzburgs Wahrzeichen im Laufe seiner fast 1000-jährigen Geschichte nie zerstört und thront noch heute erhaben über der Stadt. Sehenswert ist die Festung Hohensalzburg nicht nur wegen des traumhaften Panoramas. Die restaurierten Räume sind Europas einziges bis heute erhaltenes gotisches Fürstengemach. Sie beweisen, wie prächtig man bereits im Mittelalter hauste. Hinauf gelangst du entweder mit der Festungsbahn oder zu Fuß. Tipp: Wer die Tickets online kauft, spart Zeit und Geld! *Tgl., Jan.–April, Okt.–Dez. 9.30–17, Ostern u. Adventswochenenden 9.30–18, Mai–Sept. 9–19 Uhr | Eintritt mit Bahn und Fürstenzimmern: 16,30 Euro | salzburg-burgen.at |* *d5*

2 DOM

Bei deinem Salzburgbesuch führt am Dom kein Weg vorbei, denn er bildet das Zentrum der historischen Altstadt. Vor der barocken Fassade finden jeden Sommer die Aufführungen des Festspielklassikers „Jedermann" statt – was den Dom zu Österreichs berühmtestem Bühnenbild macht. Im Inneren der Kirche ist vor allem die moderne Installation „Vanitas" des Künstlers Christian Boltanski sehenswert. So viel Mut zur Moderne findet man selten in einer Kirche. Achtung: Orgelempore und Dombogenterrasse sind nur beim Gang durch das *Domquartier* (s. unten) zu besichtigen. *Jan./Feb./Nov. Mo–Sa 8–17, So 13–17, März/April/Okt./Dez. Mo–Sa 8–18, So 13–18, Mai–Sept. Mo–Sa 8–19, So 13–19 Uhr | Eintritt frei | öffentl. Führungen (5 Euro, ⏱ 1 Std.) Juli/Aug. 14 Uhr, im Advent Mo/Mi/Fr 17.45 Uhr | salzburger-dom.at |* *c–d4*

WOHIN ZUERST?

Vom **Ferdinand-Hanusch-Platz** (*c4*) sind Sehenswürdigkeiten wie Mozarts Geburtshaus, das Salzburg Museum und die Festung Hohensalzburg gut zu erreichen. Parken: in den Altstadtgaragen oder auf einem der P+R-Parkplätze außerhalb, dann mit öffentlichen Verkehrsmitteln (s. S. 142) ins Zentrum.

3 DOMQUARTIER SALZBURG ★

Nach einem Spaziergang durch das komplette Domquartier könnten schon mal die Beine etwas schmerzen – schließlich handelt es sich nicht um ein klassisches Museum, sondern um einen Rundgang durch den Palastkomplex der Salzburger Fürsterzbischöfe. Insgesamt fünf Museen haben sich zusammengetan, um den Marathon durch die Gemächer und Prunkräume zu ermöglichen. Kunstfans können sich hier gut und gerne zwei Tage lang die Zeit vertreiben. Wenn du weniger ausdauernd bist, kannst dich auf die absoluten Highlights (⏱ *1,5 Std.*) beschränken: Das *Rembrandt-Ge-*

Der Blick nach oben lohnt sich: Kuppel des Doms

mälde der betenden alten Frau in der Residenzgalerie, den phantastischen Ausblick von der Empore der größten *Orgel im Dom* und die fürsterzbischöfliche *Kunst- und Wunderkammer,* in der du sogar das Horn eines Einhorns bestaunen kannst. Du glaubst doch an Einhörner, oder? *10–18 Uhr, Juli/Aug. tgl., sonst Mi–Mo | Eintritt inkl. Audioguide 13 Euro | Residenzplatz 1 | Weiterer Eingang: Domplatz 1a | domquartier.at |* ⏲ *3–5 Std. |* 🕮 *c–d 4–5*

4 SANKT PETER

Das Spannendste am Kloster St. Peter ist sein Friedhof, einer der romantischsten Orte der Stadt: Direkt an der mächtigen Felswand des Mönchsberges schmiegen sich die uralten Grabsteine aneinander. Auch kulturgeschichtlich ist der Friedhof von Bedeutung: Er ist Teil des ältesten noch bestehenden Klosters in ganz Europa, aus dessen Äbten sich lange Zeit die mächtigen Fürsterzbischöfe rekrutierten. Hunderte prominente Salzburger aus allen Epochen liegen hier begraben. In der winzigen Stiftsbäckerei *(Mo–Fr 7–17,30, Sa 7–13 Uhr)* neben dem Mühlrad wird noch immer gebacken wie anno dazumal. Das Schwarzbrot aus Natursauerteig schmeckt nicht nur köstlich, es bleibt auch tagelang frisch. *Friedhof tgl. April–Sept. 6.30–19, Okt.–März 6.30–18 Uhr |* 🕮 *c5*

INSIDER-TIPP
Das Brot der Mönche

5 FESTSPIELHÄUSER

Im Juli und August herrscht Ausnahmezustand im Festspielbezirk – darunter versteht man das *Große Fest-*

spielhaus, das *Haus für Mozart* und die *Felsenreitschule (alle: Hofstallgasse 1)* nebst dem nahe gelegenen *Domplatz* und der *Kollegienkirche*. Politiker und CEOs schlüpfen dann aus schwarzen Limousinen, während Fotografen auf Schnappschüsse von Stars und Sternchen lauern. Dabei ist Eile angesagt, denn sobald die Premierenglocke läutet, verschwindet die Gesellschaft in Windeseile im Inneren der Festpielhäuser. Was für ein Theater! Bei einer *Führung (tgl. 14 Uhr, Karten 15 Min. vorher im Festspielshop/Großes Festspielhaus | 7 Euro)* erfährst du mehr: Du blickst hinter die Kulissen und hörst jede Menge Wissenswertes über Österreichs wichtigstes Kunstfestival.

INSIDER-TIPP
Mäuschen spielen bei großen Musikern

Besuchermagnet: Getreidegasse

Die generalsanierte ★ *Kollegienkirche (tgl. bis zur Dämmerung | Universitätsplatz 20 | kollegienkirche.at | c4)* ist nicht nur Spielort der Festspiele, sondern neben dem Dom der bedeutendste Kirchenbau in Salzburg. Die Universitätskirche wurde von Fürsterzbischof Paris von Lodron geplant, vom Barockbaumeister Johann Bernhard Fischer von Erlach umgesetzt und 1707 eingeweiht. Mäzene ermöglichten die Renovierung der Barockkirche. *salzburgerfestspiele.at | c4*

6 GETREIDEGASSE

Dieser Touristenauflauf kann einem schon mal den Spaß verderben: Durch Salzburgs berühmteste Einkaufsstraße schieben sich übers Jahr tausende Tagesgäste und Busgruppen. Am schlimmsten geht es vor dem Geburtshaus des Lokalmatadors W. A. Mozart zu (Hausnr. 9). Wer die Gasse in Ruhe bewundern will, kommt besser sehr früh oder spät am Abend und schlägt so dem Massentourismus ein Schnippchen. Besonders sehenswert sind die uralten Zunftzeichen über den Eingängen der Geschäfte und die mittelalterlichen Passagen, die links und rechts von der Getreidegasse abzweigen. *c4*

7 MOZARTS GEBURTSHAUS ★

Dreh- und Angelpunkt jedes Salzburgbesuchs ist das Haus in der Getreidegasse 9, in dem Wolfgang Amadeus Mozart am 27. Januar 1756 geboren wurde. Hier erfährst du Details aus dem Leben des Genies: über Kindheit, Freunde, Gönner, Familie und seine Leidenschaften. Zu sehen gibt es Mozarts Kindergeige und sein Clavichord sowie Möbel, Gemälde und Handschriften. *Sept.–Juni tgl. 9–17.30, Juli/Aug. 8.30–19 Uhr | Eintritt 11 Euro, Kombiticket mit Mozart-Wohnhaus 18 Euro | 2–3 Std. |* *c4*

8 SCHLOSS MIRABELL

Von wegen Zölibat – Salzburgs Fürsterzbischöfe hielten wenig vom Leben in Keuschheit. Ganz besonders bunt trieb es Wolf Dietrich von Reichenau, der mit seiner Lebensgefährtin Salome Alt 15 Kinder zeugte. Als Liebesbeweis baute er ihr Anfang des 17. Jhs. das Schloss Mirabell und den dazugehörigen *Barockgarten*. Heute residieren im Schloss Mirabell der Bürgermeister und die Stadtverwaltung. Aber noch immer spielt die Liebe eine große Rolle: Der sogenannte Marmorsaal gilt als schönster Trauungssaal der Welt. Im Sommer finden hier Hochzeiten im Halbstundentakt statt. *Tgl. 8–18 Uhr, Mirabellgarten 6 Uhr bis zum Einbruch der Dunkelheit | Eintritt frei |* *c3*

9 MOZART-WOHNHAUS

1773 zog die Familie Mozart auf die rechte Salzachseite in das Haus am Makartplatz Nr. 8. Das während des Zweiten Weltkriegs zerstörte Gebäude wurde in den 1990er-Jahren rekonstruiert. Es gibt historische Konzerte im Tanzmeistersaal sowie eine Sammlung von Mozarts Briefen. Film- und Tonaufnahmen können kostenlos angesehen und gehört werden. *Sept.–Juni tgl. 9–17.30 Uhr, Juli/Aug. 8.30–19 Uhr | Eintritt 11 Euro, Kombiticket mit Mozarts Geburtshaus 18 Euro | 2–3 Std. |* *c3*

10 MARIONETTENTHEATER

Schauspieler, die an Schnüren hängen: Das Salzburger Marionettentheater, Kulturerbe der Unesco, unterhält all jene, die wenig Zeit haben. Eine Stunde dauert der Theater-Quickie am Nachmittag. Gespielt werden Klassiker aus der Feder Mozarts, das Hit-Musical „The Sound of Music" und Märchen wie „Alice im Wunderland". *Eintritt 20–38, Kinder 15 Euro | Schwarzstr. 24 | marionetten.at |* *c3*

11 FRIEDHOF SANKT SEBASTIAN

Wer für einen Moment dem hektischen Salzburger Alltag entfliehen will, der ist auf dem gut versteckten Sebastiansfriedhof richtig. An diesem verwunschenen Ort kannst du mitten in der Altstadt herrlich entspannen. Aber auch fürs Sightseeing lohnt es sich vorbeizuschauen, denn am Sebastiansfriedhof liegt Salzburgs Schickeria von anno dazumal begraben: beispielsweise Mozarts Ehefrau Constanze oder der berühmte Alchemist Paracelsus. Von ihm stammt übrigens der berühmte Spruch „Die

INSIDER-TIPP
(Ewige) Ruhe im Getümmel

Reinlichkeit fürs Pferd: eine der historischen Pferdeschwemmen Salzburgs

Dosis macht das Gift". *Tgl. April–Okt. 9–18, Nov.–März 9–16 Uhr | c–d3*

12 SPIELZEUGMUSEUM

Leuchtende Kinderaugen: Hier dürfen die schönsten Spielsachen ausprobiert werden. Puppentheater und Bibliothek sorgen für noch mehr Unterhaltung. Achtung: An Regentagen kann es hier eng werden. *Di–So 9–17 Uhr | Eintritt 5, Kinder 2 Euro | Bürgerspitalgasse 2 | spielzeugmuseum.at | 2–3 Std. | c4*

13 MUSEUM DER MODERNE MÖNCHSBERG

Eigentlich sollte am Mönchsberg eine Filiale des weltberühmten Guggenheimmuseums stehen. Doch Salzburg war sich zu fein dafür und lehnte das visionäre Bauvorhaben ab. Deshalb bewundert die Welt Guggenheims Schätze heute in Bilbao. Mach dir nichts draus: Mit dem 2004 eröffneten Museum der Moderne hat die Stadt einen würdevollen Ersatz bekommen. Nicht nur aufgrund seiner Kunstobjekte ist es einen Besuch wert, sondern auch wegen des traumhaften Panoramablicks über die Stadt. Wer es eilig hat, fährt mit dem Aufzug hoch, alle anderen gehen zu Fuß und genießen den Weg durch Salzburgs bewaldetes Dachgeschoss. *Di–So 10–18, Mi bis 20 Uhr, während der Oster- und Salzburger Festspiele auch Mo 10–18 Uhr | Gratisführung für Studenten Mi 18.30 Uhr | Eintritt 8 Euro | Zugang über Lift vom Anton-Neumayr-Platz aus (2,50 Euro) | museumdermoderne.at | 2–3 Std. | b4*

14 HAUS DER NATUR

Das Naturkundemuseum ist mit 7000 m² Ausstellungsfläche das größte Museum der Stadt. Neben Aquarium, Reptilienzoo und Weltraumhalle behandelt das interaktive „Science Center" spannende Themen aus Technik und Naturwissenschaft. Nach dem

Besuch entspannt's sich gut auf der Terrasse des *Stadtcafés. Tgl. 9–17 Uhr | Eintritt 8,50, Kinder (4–15 J.) 6 Euro | Museumsplatz 5 | hausdernatur.at |* ⏲ *2 Std. |* *c4*

15 PFERDESCHWEMMEN

Immer diese Statussymbole! Was heute Yacht oder Sportwagen sind, war den Reichen und Schönen des 17. Jhs. das Pferd. Und weil man schon damals gern zeigte, was man hat, wurden die edlen Rösser der Erzbischöfe in prunkvollen Pferdeschwemmen gewaschen, während das einfache Volk im Dreck versank. Zwei der historischen Waschanlagen sind in Salzburgs Altstadt noch heute zu bewundern. Eine befindet sich am *Herbert-von-Karajan-Platz (c4)*, die andere am *Kapitelplatz (c-d5)*.

16 SALZBURG MUSEUM ★

Mitten am Mozartplatz lockt der riesige Innenhof des Salzburg Museums *(Neue Residenz)* Neugierige an. Spannende Ausstellungen, gern auch über dunkle Flecken in Salzburgs Geschichte, werden hier mit viel Leidenschaft kuratiert.

Ein Highlight für sich ist das dazugehörige *Panorama-Museum (Residenzplatz 9)* mit dem von Johann Michael Sattler geschaffenen 360-Grad-Gemälde von Salzburg, mit dem sein Besitzer schon im 19. Jh. die Jahrmärkte Europas begeisterte. Es ist 125 m² groß und hat einen Umfang von 26 m. Fernrohre auf der Besucherplattform erleichtern die Detailsicht. *Salzburg Museum Di–So 9–17 Uhr | Panorama-Museum tgl. 9–17, Do 18 Uhr Abendführung | Eintritt Salzburg Museum 9 Euro, Panorama-Museum 4,50 Euro, Kombiticket 10 Euro | Mozartplatz 1 | salzburgmuseum.at |* ⏲ *2–3 Std. |* *d4*

17 MUSEUM DER MODERNE RUPERTINUM

Im ehemaligen Seminar für Priesterzöglinge, in dem Salzburgs Museum für moderne Kunst erstmals eingerichtet wurde, sind neben Sonderausstellungen Zeichnungen und Druckgrafiken, u. a. von Gustav Klimt und Oskar Kokoschka, sowie österreichische Plastik nach 1945 zu sehen. Integriert ist die Österreichische Fotogalerie mit 15 000 Werken hauptsächlich aus der Zeit nach 1945. *Di–So 10–18, Mi bis 20 Uhr, während der Oster- und Salzburger Festspiele auch Mo 10–18 Uhr | Eintritt 6 Euro | Wiener-Philharmoniker-Gasse 9 | museumdermoderne.at |* ⏲ *2 Std. |* *c4*

Bleibt auch angesichts Touristen gelassen: Bewohner des Salzburger Zoos

18 TRAKLHAUS AM WAAGPLATZ

Gedichte, Koks, Geschwisterliebe: Die Vita des viel zu jung verstorbenen Lyrikers Georg Trakl liest sich wie die Biographie eines Rockstars. Im Elternhaus am Waagplatz erfährst du – anhand von Möbeln der Familie, Briefen, Schulzeugnissen, Fotos und anderen Dokumenten – allerlei Wissenswertes über den Expressionisten und sein kurzes Leben. *Nur im Rahmen von Führungen zugänglich (Mo–Fr 14 Uhr) | Eintritt 5 Euro | Waagplatz 1a | kulturvereinigung.com | 1 Std. | d4*

19 STEFAN ZWEIG CENTRE SALZBURG

Im Zentrum für Literatur, Kunst und Wissenschaft in der Edmundsburg erfährt man alles über das Leben des Schriftstellers Stefan Zweig, über seine Werke und Themen aus dem kulturhistorischen Kosmos. Der gebürtige Wiener lebte von 1919 bis zu seiner Emigration 1934 in Salzburg. *Mo, Mi–Fr 14–16 Uhr | Eintritt 4 Euro | Mönchsberg 2 | stefan-zweig-centre-salzburg.at | 2 Std. | b–c4*

20 STIFTSARMSTOLLEN

INSIDER-TIPP
Bitte den Kopf einziehen!

Nichts für Angsthasen: Wenn im September das Wasser des Almkanals ausgelassen wird, kannst du Europas ältesten Trinkwasserstollen zu Fuß durchqueren. Aber bitte nur, wenn du nicht unter Klaustrophobie leidest. Das uralte Höhlensystem ist an mehreren Stellen nicht höher als 1,4 m und definitiv nicht für Wohlfühltouristen ausgelegt. *Nur mit Führung, Sept. tgl. ab 8 Uhr | 9 Euro | Brunnhausgasse/Schleusenhaus | Anmeldung empfohlen: Tel. 0699 13 79 03 10 | stiftsarm.at | 1 Std. | c5*

21 STIFT NONNBERG

Ein Spaziergang zum Stift Nonnberg lohnt sich vor allem wegen des traumhaften Ausblicks über Salzburg. Vor dem ältesten Frauenkloster im deutschsprachigen Raum spielen sich im Sommer eigenartige Szenen ab: Während Touristen aus Übersee den Originaldrehort des Films „The Sound of Music" belagern, schütteln die schweigsamen Nonnen nur den Kopf. *Tgl. 7 Uhr bis zur Dunkelheit, Sommer 7–19 Uhr, selten Führungen | Nonnberggasse 2 | d5*

22 ZOO SALZBURG ★

140 heimische und exotische Tierarten – vom Alpensteinbock über den Goldkopflöwenaffen bis zur Zebramanguste – leben auf dem rund 14 000 m^2 großen Gelände am Hellbrunner Berg. Beeindruckend sind die frei fliegenden Gänsegeier. Für Kinder gibt es eigene Führungen, und die Smartphone-Schnitzeljagd fasziniert auch die älteren: Mithilfe des Handys müssen virtuelle Tiere gefunden und ins digitale Stickeralbum eingeklebt werden. Den Gewinn gibt es an der Kasse. Ein besonderes Highlight ist der Nachtzoo im August: Fr u. Sa bis 22, Einlass bis 20.30 Uhr. *März 9–17.30, April/Mai/Sept./Okt. 9–18, Juni–Aug. 9–18.30, Nov.–Febr. 9–16.30 Uhr | Eintritt 11,50 Euro | Anifer Landesstr. 1 | salzburg-zoo.at | G3*

ESSEN & TRINKEN

KAFFEEHÄUSER

Kaffee? Gibt's viel in Salzburg: im Sommer auf Terrassen und in Schanigärten – auf dem Gehweg oder in der Fußgängerzone –, im Winter in hübsch altmodischen Salons. Klassische österreichische Kaffeehäuser im alten Stil – und entsprechend von Touristen in Beschlag genommen – sind das *Bazar (c4) (Mo–Sa 7.30–19.30, So 9–18 Uhr | Schwarzstr. 3 | Tel. 0662 87 42 78 | cafe-bazar.at)* und das *Tomaselli (c4) (Mo–Sa 7–19, So ab 8 Uhr | Alter Markt 9 | Tel. 0662 8 44 48 80 | tomaselli.at)*. Letzteres mag manchen etwas spießig erscheinen, ist aber absolut sehenswert. Mitten im altehrwürdigen Saal laufen Kuchenfrauen mit Mehlspeisenwagen durch das älteste „Wiener Kaffeehaus" Österreichs.

AUGUSTINER BRÄUSTÜBL

Im Garten gibt es Augustiner-Bier und zünftige Jaus'n. Auch mitgebrachte Speisen dürfen verzehrt werden. *Mo–Fr 15–23, Sa/So 14.30–23 Uhr | Lindhofstr. 7 | Tel. 0662 43 12 46 | augustinerbier.at | € | b3*

ESSZIMMER

Andreas Kaiblinger und sein Team zaubern raffinierte Menüs – alle paar Wochen gibt es neue auf der Speisekarte. Drei Hauben und einen Michelinstern gab es zur Belohnung – trotzdem steht mittags ein Drei-Gänge-Menü für nur 45 Euro auf der Karte. *Di/Mi 18.30–22, Do–Sa 12–14 u. 18.30–22 Uhr | Müllner Hauptstr. 33 | Tel. 0676 6 52 05 67 | esszimmer.com | €€€ | b3*

INSIDER-TIPP
Zwischendurch ein edler Happen

AFRO CAFE

„Africa goes pop" war wohl das Motto der Gestaltung. Die Gerichte, moderne internationale Küche, kommen peppig gewürzt auf den Tisch. Außerdem gibt es eigene Röstungen von Kaffee aus fairem Handel. *Mo–Do 9–23, Fr/Sa 9–24 Uhr | Bürgerspitalplatz 5 | Tel. 0662 84 48 88 | afrocafe.at | € |* 🕮 *c4*

TRIANGEL

Die gehobene regionale Hausmannskost aus nachhaltigen, fair gehandelten Produkten ist bei Schauspielern, Einheimischen und Gästen beliebt. Plätze im Freien sind während der Festspielzeit Mangelware, doch Wirt Franz Gensbichler findet immer noch ein freies Platzerl. *Di–Sa 11.30–24 Uhr | Wiener Philharmonikergasse 7 | Tel. 0662 84 22 29 | triangel-salzburg.co.at | €–€€ |* 🕮 *c4*

KAFFEE ALCHEMIE

Modern. Ein skandinavischer Barista zeigt, was alles in einer Kaffeebohne steckt. *Mo–Fr 7.30–18, Sa/So 10–18 Uhr | Rudolfskai 38 | Tel. 0681 20 17 31 43 | kaffee-alchemie.at |* 🕮 *d4*

220 GRAD

Hier wird Kaffee zelebriert, veredelt und vollendet, eigene Rösterei, herrlich zum Frühstücken im geistigen und künstlerischen Viertel der Stadt. Und: extrem gute Kuchen – gefüllt mit saisonalen Leckerheiten! *Di–Fr 9–19, Sa 9–18 Uhr | Chiemseegasse 5 | Tel. 0662 82 78 81 | 220grad.com |* 🕮 *d4*

PAULI STUBM

So bunt gemischt wie das Publikum ist auch die Küche: von traditionell bis experimentell. Toller Terrassengarten und Studentenpreise. Lass dich vom Äußeren des Lokals nicht abhalten, in den ersten Stock hinaufzusteigen. *Di–Sa ab 17 Uhr | Herrengasse 16 | Tel. 0662 84 32 20 | paul-stube.at | € |* 🕮 *d5*

THE GREEN GARDEN

Salzburgs kleines, feines sowie erstes vegetarisch-veganes Restaurant im Nonntal. *Di–Fr 12–15 u. 17.30–22, Sa 9–14 u. 17.30–22 Uhr, So 9–14 Uhr (Brunch) | Nonntaler Hauptstr. 16 | Tel. 0662 84 12 01 | thegreengarden.at | € |* 🕮 *d5*

LUDWIG

Burger essen in elegantem Ambiente? Ab ins Ludwig! Im hippen Bruderhof gibt es Burgerspezialitäten, Superfood und selbst gemachte Limonaden. *Di–Fr 11–22, Sa/So 9–22 Uhr | Linzer Gasse 39/Bruderhof | Tel. 0662 87 25 00 | ludwig-burger.at | € |* 🕮 *c3*

DIE WEISSE

Selbst gebrautes Weißbier genießt man hier im lauschigen Garten. *Mo–Sa 10–02 Uhr | Rupertgasse 10 | Tel. 0662 87 22 46 | dieweisse.at | € |* 🕮 *d2*

IMLAUER

In der Sky-Bar und im Restaurant bekommst du großartige 180-Grad-Ausblicke über die Altstadt und eine Riesenauswahl an Cocktails geboten. *Tgl.*

ab 9 Uhr | Rainerstr. 6 | Tel. 0662 88978666 | imlauer.com | €–€€ | 🕮 c2

CARPE DIEM – LOUNGE-CAFÉ

Der architektonisch außergewöhnliche *Hangar 7* mit Wechselausstellungen von Red-Bull-Chef Dietrich Mateschitz kann kostenlos besichtigt werden. Dort bekommst du in der Carpe Diem Lounge ein köstliches Frühstück. *Tgl. 9–11.30 Uhr | Wilhelm-Spazier-Str. 7a | Tel. 0662 21970 | hangar-7.com | €–€€ |* 🕮 *0*

SHOPPEN

Dank einem neuen Salzburger Selbstverständnis verschwinden die Kreativen nicht mehr nach Wien oder Berlin, sondern eröffnen Läden in der Heimat. Vor allem im hippen Andräviertel macht sich mit Lifestylegeschäften Großstadtfeeling breit: *Das Stadtrad (Franz-Josef-Str. 19), Stoffamt (Wolf-Dietrich-Str. 23)* und die *Strizialm Salzburg (Linzergasse 72a)*. Fokus auf Design legt man in der *Werkschau (Neutorstr. 14)*. Ein Besuch bei *Jetlag (Herrengasse 28A)* zahlt sich doppelt aus: In dem Vintagelokal kaufst du ausgefallene Möbel, nachdem du im Laden bei einer Tasse Cappuccino Probe gesessen hast. Das *Wohnkram (Linzer Bundesstr. 39)* haucht alten Möbeln neues Leben ein. Dazu wird genäht, gebastelt, lackiert und gesägt. Übrigens: Nachdem Dirndl und Lederhose lange Zeit aus den Schränken der Jungen verbannt war, ist Tracht – in Kombi mit Chucks und lässigen Hemden! – wieder salonfähig. Vor allem, wenn die Modelle von *ploom (Ursulinenplatz 5)* stammen: Der kleine Shop hat spannende Schnitte und verrück-

Der Name ist Programm: ein Weißbier im Biergarten Die Weisse. Na dann: Prost!

Schloss Hellbrunn – früher Sommerresidenz, heute Ausflugsziel

te Kombis. Aus dem Pinzgau kommen die Kreationen von *Mirabell Plummer (Wiener-Philharmoniker-Gasse 1)*: extravagante Schnitte mit Wiedererkennungswert.

AUSGEHEN & FEIERN

Die Ausgehszene Salzburg teilt sich nach dem Alter ihrer Besucher. Am *Rudolfskai* entlang der Salzach und in der *Gstättengasse* feiern jüngere Partymacher. Gediegener geht es im Innenhof des *Sternbräus* zu. Wenige Schritte entfernt befindet sich unter anderem *die Herbert's Bar (Herbert-von-Karajan-Platz 1)*, eine kleine, aber herausragende Cocktailbar. Wer nicht weiß, was er ordern soll, fragt den Bartender: Der ist Kenner seines Fachs und findet garantiert den passenden Drink. Zum Tanzen geht es wenige Meter weiter in den Club *Half Moon (Gstättengasse 4–6)*, von Salzburgern liebevoll „Haferl" genannt. Hier feiert man mit Partywütigen aller Altersklassen. Es soll ein wenig ruhiger sein? Dann ab zum *Alchimiste Belge (Bergstr. 10)* oder in die dazugehörige *Beffabar (Bergstr. 13)*: In den belgischen Bierbars sind die Getränkekarten lang und die Gesellschaft ist angenehm. Im *Stroblstüberl (Rainerstr. 1)* gibt es sensationelles Essen zu fast jeder Tages- und Nachtzeit. Vor allem das Schnitzel und die Meeresfrüchte haben schon so Manchem die Nacht gerettet.

INSIDER-TIPP
Hunger früh um vier?

RUND UM SALZBURG

WALLFAHRTSKIRCHE MARIA PLAIN

5 km/15 Min. nördl. von Salzburg (Auto)

Die auf einer Anhöhe stehende Wallfahrtskirche wurde 1671–74 errichtet und von Künstlern wie Ludwig Schwanthaler und Kremser Schmidt ausgestattet. Im Zentrum steht das Gnadenbild „Maria mit dem Jesuskind", das während des Dreißigjährigen Krieges trotz eines Brands unversehrt geblieben ist. Mozart schrieb zur Erinnerung an die Krönung des Gnadenbildes 1779 die „Krönungsmesse".

Genießer schätzen die regionalen Speisen im Garten des Gasthauses *Maria Plain (wechselnde Ruhetage, Feb. nur für Hotelgäste | Plainbergweg 41–43 | Tel. 0662 4 50 70 10 | mariaplain.com | €–€€)*. Das Genussdorf *Gmachl (Mo–Fr 11–24, Sa 17–24 Uhr | Dorfstr. 35 | Bergheim | Tel. 0662 4 52 12 40 | gmachl.at | €–€€€)* vereint ein Haubenlokal mit Gastgarten, Wirtshaus und Metzgerei. Auch eine Pension und ein Wellnesshotel sind angeschlossen.*Kirche tgl. 7–19 Uhr | mariaplain.at | G2*

LUSTSCHLOSS HELLBRUNN

6 km/15 Min. südl. von Salzburg (Auto)

Das Schloss Hellbrunn war einst die Sommerresidenz der Fürsterzbischöfe, heute ist es ein beliebtes Ausflugsziel und Naherholungsgebiet für die Salzburger. Erbaut wurde Hellbrunn vom italienischen Architekten Santino Solari in den Jahren 1613–1615 unter Fürsterzbischof Markus Sittikus. Zum Schloss gehören Gärten und barocke Wasserspiele, ein 60 ha großer Park mit Fitnessparcours und Raum für zahlreiche Sportmöglichkeiten sowie einer der schönsten Spielplätze Salzburgs. Im Winter gibt es dort eine kostenlose Langlaufloipe und im Sommer bringen die Wasserspiele Abkühlung. Auf dem Hellbrunner Berg kann man das *Monatsschlössl (salzburgmuseum.at)*, heute ein Volkskundemuseum besichtigen. *Lustschloss: tgl. April/Okt. 9–16.30, Mai/Juni, Sept. 9–17.30, Juli/Aug. 9–18 Uhr | Juli/Aug. Abendführungen: 19, 20, 21 Uhr | Eintritt (für Wasserspiele mit Führung, Schloss mit Audio-Guide, Volkskundemuseum) 12,50 Euro | hellbrunn.at | 3 Std.*

Am Hellbrunner Berg liegt zudem versteckt das *Hellbrunner Steintheater:* ein Naturtheater, angeblich der Spielort der Uraufführung von Claudio Monteverdis Oper „Orfeo" auf deutschem Boden. *G3*

SCHÖNER SCHLAFEN IN SALZBURG

SHABBY UND CHIC

Hier wohnst du wie der Erfinder der Salzburger Festspieler: Idyllisch am Weiher mit Blick auf den Untersberg gelegen und verführerisch ausgestattet, lädt das *Schloss Leopoldskron (12 Suiten u. 55 Zi. | Leopoldskronstr. 56–58 | Tel. 0662 83 98 30 | schloss-leopoldskron.com | €€–€€€ | 0)* im rund 270 Jahre alten Gemäuer zu einem romantischen Wochenende zu zweit geradezu ein.

URBANE ALMROMANTIK

Der Mönchsberg ist nicht nur perfekt für eine Auszeit mitten in der Stadt, sondern auch der Sitz der *Stadtalm (5 Zi. | Mönchsberg 19c | Tel. 0662 84 17 29 | stadtalm.at | € | b4):* ein uriges Wirtshaus, gebaut in die Überreste der mittelalterlichen Festungsmauern und mit atemberaubender Sicht auf die Stadt. Auch auf dem Menü: Zimmer für diejenigen, die mit Panoramablick in den Tag starten wollen.

FLACHGAU

AKTIV ABSCHALTEN!

Das Salzburger Land hat zwei Gesichter: In den südlichen Regionen Pinzgau und Pongau türmen sich mächtige Gebirge auf. Rund um die Stadt Salzburg ist die Landschaft des Flachgaus – wie der Name schon sagt – von sanften Hügeln und Seen geprägt. Liftstützen suchst du hier vergeblich, dafür erwarten dich ein bestens ausgebautes Radnetz und endlose Gelegenheiten, um sich an Land und im Wasser auszutoben. Kurz gesagt: Der Flachgau ist ein riesengroßes Naherholungsgebiet, das vom

Perfekte Bedingungen für Radler

Massentourismus mit Bettenburgen und Après-Ski-Bars bislang wohltuend verschont geblieben ist.

Die in der Region erhalten gebliebenen bäuerlichen Strukturen tragen zu einer gelungenen Mischung aus Natur- und Kulturlandschaft bei. Mit den Seen des ★ *Trumer Seenlands* (Grabensee, Mattsee, Obertrumer See, Wallersee) und vielen anderen ist der Flachgau beliebtes Ausflugsziel der Stadtsalzburger. Zahlreiche Radstrecken sind für kürzere und längere Touren geeignet.

FLACHGAU

MARCO POLO HIGHLIGHTS

★ TRUMER SEENLAND
Traumhafte Landschaft zwischen Obertrum, Seeham und Mattsee ➤ S. 55

★ SALZBURGER FREILICHTMUSEUM
Bis zu 500 Jahre alte Häuser und Mühlen ➤ S. 59

★ UNTERSBERG
Zu Fuß oder per Gondel auf Salzburgs höchsten Berg ➤ S. 59

★ BENEDIKTINERABTEI MICHAELBEUERN
Schönster Barock in Kirche und Kloster, mit Bibliothek und kostbarem Hochaltar ➤ S. 65

Kerschham
Oberweißau
Heiligenstatt
Höcken
Scherschham
Friedburg
Schnee-
gattern
Mittererb
Lochen
am See
Astätt
Lengau
Sankt Ulrich
Forstern
Bergham
Pöndorf
Brunn
Mattsee
Reitsham
Straßwalchen
Schwaigern
Irrsdorf
Schwandt
Hochfeld
Köstendorf
Steindorf
Oberhofen
am Irrsee
Schleedorf
Neumarkt
am Wallersee
7
Sighartstein
Weng
Haslau
Wallersee-
Zell
Hankham
Irrsee
Wallersee
Harpoint
Seewalchen
Henndorf
am Wallersee
S. 61
Zell am Moos
Seekirchen
am Wallersee
ÖSTERREICH
20 km, 20 Min.
Schaming
Eugendorf
Schlößl
Reitberg
Enzersberg
Mondsee
Oberdorf
A1
Thalgau
Höribach
Unter-
dorf
Vetterbach
Schwaighofen
Plainfeld
Mondsee
Habach
Hof bei
Salzburg
Schloss Fuschl
4
Fuschl
am See
S. 59
Koppl
Fuschlsee
Vorderschroffenau
Ebenau
Brunn
Pöllach
5
Faistenau
Hinterschroffenau
Ramsau
Tiefbrunnau
St. Gilgen
Wiestal-
stausee
Vordersee
Wolfgangsee
20 km, 30 Min.
Hintersee
Wimberg
Krispl
Gaißau
Hintersee
6
4 km
2.49 mi
Lämmerbach

Sinn für Details: Salzburger Freilichtmuseum

ANIF

(🕮 G3) **Viel Grün, die Berge zum Greifen nah und Salzburg in Sichtweite: Anif (4100 Ew.) ist einer der hübschesten „Vororte" Salzburgs.** Dirigent Herbert von Karajan wohnte lange und fand seine letzte Ruhestätte hier; ein Bronzeporträt am Friedhof erinnert an ihn. In Richtung Hallein steht seit dem 16. Jh. das *Wasserschloss Anif*, es ist in Privatbesitz und nicht zu besichtigen. Der *Schlosspark* ist nur zu Fronleichnam und beim Turmblasen am 8. Dezember zugänglich.

ESSEN & TRINKEN

SCHLOSSWIRT ZU ANIF

Elegantes Ambiente, ambitionierte österreichische Küche und eine heimelige Terrasse. *Di–Sa 11.30–14 u. 18–21 Uhr, So/Mo nur in der Festspielzeit | Salzachtalbundesstr. 7 | Tel. 06246 72175 | schlosswirt-anif.at | €€*

HUSARENWIRT

Uraltes, gemütliches Anifer Wirtshaus mit guter Hausmannkost. Hier triffst du Künstler und Einheimische. *Do–Di 11.30–14.30 u. 17.30–23 Uhr | Anifer Str. 14 | Tel. 06246 72354 | facebook: Gasthof Husarenwirt | €*

SPORT & SPASS

Das *Waldbad Anif (April–Juni u. Sept. ab 10, Juli–Aug. ab 9 Uhr bis Sonnenuntergang | 7 Euro | Waldbadstr. 50 | waldbadanif.at)* ist Bergsee und Freibad zugleich. Das Wasser ist sehr sauber und eher kühl. Ab 18 Uhr kommst du ohne Eintritt hinein! Hier gibt es auch einen *Kletterpark (April/Okt. Sa/So 11–17, Mai/Sep. Fr–So 11–17, Juni Fr–So 11–18 Uhr | kletterpark-salzburg.at)*. Du erreichst das Waldbad in 30 Min. zu Fuß durch die Anifer Au. Oder badest gleich ums Eck in der *Königsseeache*.

INSIDER-TIPP
Sommerabend im Waldbad

RUND UM ANIF

1 GLASENBACHKLAMM

6 km/10 Min. nordöstl. von Anif zum Parkplatz Glasenbachklamm (Auto)

In der Ortschaft Elsbethen befindet sich der Zugang zum perfekten Abkühlungsausflug an heißen Sommertagen: die Glasenbachklamm. Lernen kann man auf der Wanderung durch die Klamm auch etwas, denn entlang des Weges erzählen Schautafeln Wissenswertes rund um die faszinierenden Steinformationen. G3

2 UNTERSBERG ★

4 km/7 Min. bis zur Seilbahn südwestl. von Anif (Auto)

Der 1853 m hohe Berg ist ein Ausläufer der Berchtesgadener Alpen, die höchste Erhebung des Flachgaus und der Hausberg der Salzburger zum Wandern, Bergsteigen, Klettern, Paragliden und Skifahren. Die Seilbahn führt von Grödig Sankt Leonhard zur Bergstation Geiereck auf 1776 m Höhe. *Seilbahn jeweils zur vollen u. halben Std., Mitte Dez.–Feb. 9–16, März–Juni 8.30–17, Juli–Sept. 8.30–17.30, Anfang–Mitte Okt. 8.30–17 Uhr | Berg- u. Talfahrt 25 Euro | Tel. 06246 72 47 70 | untersbergbahn.at | G3*

3 SALZBURGER FREILICHT-MUSEUM ★

16 km/15 Min. südwestl. von Anif (Auto)

Im Freilichtmuseum stehen rund 100 Bauern- und Handwerkerhäuser, Höfe und Mühlen aus dem 16. bis 20. Jh. Wer das Areal nicht zu Fuß erkunden will, nimmt den kostenlosen Museumszug. *April–Juni u. Sept.–Mitte Okt. Di–So 9–18, Juli/Aug. tgl. 9–18, Mitte Okt.–Anf. Nov. Di–So 9–17, 26. Dez.–6. Jan. tgl. 10–16 Uhr | Eintritt 11 Euro | Führungen nach Anmeldung: Tel. 0662 85 00 11 | Salzburger Str. 263 | Großgmain | freilichtmuseum.com | 2–3 Std. | F3*

FUSCHL

(H–J3) **Der familienfreundliche Badeort Fuschl (1500 Ew.) liegt am Ostufer des fast unbebauten, von Hügeln und Bergen umrahmten Fuschlsees, am Eingang zum Salzkammergut.**

Vom Ort aus lässt es sich gut auf dem Rundweg (11,8 km) um den Fuschlsee wandern, oder du erklimmst den Schober (1328 m).

SIGHTSEEING

RUMING-MÜHLE

Wie funktioniert eine Mühle? Eine Vorführung (20 Min.) erklärt die Arbeitsweise der Ruming-Mühle, ein schönes Exemplar aus dem 19. Jh. Kein Ausflug ohne „Jause": Regionale Schmankerl laden zum Zeit-Versitzen ein. Dienstags wird Brot gebacken wie früher *(12 Uhr | 4,50 Euro, mit Voranmeldung). Mai–Sept. Fr 14, Sa ab 13 Uhr | Vorführung Fr 15 Uhr | Mühlenweg*

ESSEN & TRINKEN

EDENBERGER CAFÉ AM SEE

Das Restaurant lädt ein, im Sonnenuntergang direkt am Fuschlsee zu sitzen, einen kühlen Drink zu sich zu nehmen und eine köstliche Pizza zu essen. *Di–Sa ab 17 Uhr | Seestr. 15 | Tel. 0622 6 82 20 11 | edenberger.at | €€*

Rund um den Fuschlsee wandern oder auf den Schober hinauf – das ist hier die Frage

RESTAURANT IM HOTEL SEEROSE
Das charmante Haus mit Terrasse liegt direkt am See und serviert gute mediterrane Küche. *Okt.–Juni Mo/Di geschl. | Dorfstr. 20 | Tel. 06226 82 16 | hotel-seerose.at | €€*

BAUMGARTENGUT
An den Tischen auf der Wiese servieren die freundlichen Töchter des Wirts „a frische Jaus'n", herrliche Kuchen und Strudl mit Zutaten aus eigener Landwirtschaft und Produktion. Das Salzburger Land mit allen Sinnen erleben! *Mo–Sa ab 14, So ab 11 Uhr | Fuschler Str. 73 | Tel. 06235 63 00 | baumgartengut.at | €*

BRUNNWIRT
Kleines, ausgezeichnetes Restaurant am See mit hübschem Garten. Geöffnet ab 18 Uhr. *So/Mo geschl., außer in der Festspielzeit | Wolfgangseestr. 11 | Tel. 06226 82 36 | brunnwirt.at | €€€*

SPORT & SPASS

Das glasklare Wasser des Fuschlsees hat Trinkwasserqualität, und Badespaß ist garantiert. Miete ein Ruderboot oder unternimm einen Spaziergang um den See. Action verspricht die *Sommerrodelbahn (Mai–Okt. ab 10 Uhr | 7,50 Euro | Tel. 06226 84 52).*

RUND UM FUSCHL

4 SCHLOSS FUSCHL

6 km/5 Min. nordöstl. von Fuschl (Auto)

In der Gemeinde Hof am Fuschlsee liegt das exklusive Schloss, in dem die berühmten Sissi-Filme mit Romy Schneider gedreht wurden, ein kleines Museum erinnert noch an die

Dreharbeiten 1955. Heute residieren im Hotel mit Golfplatz und Spa Staatsoberhäupter aus der ganzen Welt. Das *Schlossrestaurant* (€€€) wartet mit kulinarischen Höhepunkten auf. Unbedingt in der *Schloss-Fischerei (April–Nov. tgl. 8–18, Dez.–März Mo–Fr 8–18, Sa 8–12 Uhr | Schlossstr. 2 | Hof | Tel. 06229 2 25 30 15 33 | €€)* vorbeischauen! Bei Fischer Gerhard Langmaier gibt es herrliche Räucherforellen und Co. – direkt aus dem See. *Schlossstr. 19 | Hof | Tel. 06229 2 25 30 | schlossfuschlsalzburg.com |* *H3*

INSIDER-TIPP
Ein Schloss mit eigener Fischerei

5 FAISTENAU

12 km/12 Min. südwestl. von Fuschl (Auto)

Die ausgedehnte Ortschaft (3000 Ew.) liegt auf einem Hochplateau mit beeindruckendem Bergpanorama und ist ein Eldorado für Skilangläufer. Im Winter fährst du mit den Buslinien 150 und 155 von Salzburg nach Faistenau kostenlos, wenn du Langlaufausrüstung mit dir führst.

Im *Bramsau Bräu (Mo/Di geschl. | Bramsaustr. 36 | Tel. 06228 25 66 | bramsau-braeu.at | €–€€)* gibt es neben selbst gebrautem naturtrübem Bier und bodenständiger Hausmannskost eine tolle Aussicht. Dazu einen großen Spielplatz.

Action im Sommer findest du in der *Strubklamm*. Bei einer drei- bis vierstündigen *Canyoningtour (nur geführt | ab 79 Euro | outdoorfriends.at)* erwarten dich Klippensprünge aus bis zu 10 m Höhe. Treffpunkt: Gasthof Obermayr *(Wiestalstraße 74 | Ebenau | Tel. 06221 72 36).* *H3*

6 HINTERSEE

20 km/20 Min. südl. von Fuschl (Auto)

Am Talschluss, südöstlich von Faistenau, liegt nach 3 km malerisch der *Hintersee*, der zum Baden einlädt. Durch zahlreiche Influencer und Blogger wurde der paradiesische Ort zum Must-See. Nach weiteren 5,5 km erreichst du den gleichnamigen Ort (450 Ew.) – ein idealer Ausgangspunkt für Wanderungen. Im *Kunsthaus Hintersee (kunstimpuls.com)* kann man Kunstwerke anschauen und erstehen. *H3*

INSIDER-TIPP
Planschen am Foto-Hotspot

HENNDORF AM WALLERSEE

(H2) **Der Ort (4800 Ew.) mit viel Tradition liegt an einem der wärmsten Badeseen des Landes.**

Henndorf war jahrhundertelang eine wichtige Raststation auf dem Weg von Salzburg nach Wien. Zeuge ist das *Caspar Moser Bräu* von 1699, einer der ältesten Gasthöfe Österreichs. Mit Autoren wie Stefan Zweig, Ödön von Horváth oder Carl Zuckmayer war der Ort literarisches Zentrum, heute ist das *Literaturhaus (literaturhaus-henndorf.*

at) eine Begegnungsstätte für Literaturinteressierte – auch eine Bibliothek ist im Haus untergebracht.

SIGHTSEEING

GUT AIDERBICHL

Michael Aufhauser wollte Gewalt gegen Tiere ein Ende setzen. Was als Plan begann, wurde zu einem Hof, auf dem unzählige Tiere eine neues Zuhause gefunden haben. Neben Pferden, Kühen und Hunden toben auch Schimpansen – in sicherer Umgebung – herum. Ein Ausflug, der nicht nur für Kinder spannend ist. *Tgl. 9–18 Uhr | Eintritt 10,50 Euro | Berg 20 | gut-aiderbichl.at | 2 Std.*

ESSEN & TRINKEN

WEYRINGER

Restaurant direkt am Wallersee mit Fusion-Küche; ausgezeichnete Fischauswahl. Wunderschöner Gastgarten. *Mi–Mo 12–14 und 18–21.30 Uhr | Fenning 7a | Tel. 0621 46 18 72 | weyringer-wallersee.at | €€–€€€*

GASTHOF FISCHTAGGING

Einst Lieblingsplatz von Carl Zuckmayer; heute begeistern Gastgarten, Seeblick und die Speisekarte. 4 km von Henndorf. *Mi/Do geschl. | Fischtagging 8 | Seekirchen | Tel. 06212 23 28 | gasthof-fischtagging.at | €–€€*

SHOPPEN

BIOBAUERNMARKT

Auf dem Dorfplatz verkaufen die Bauern der Region einmal pro Woche Lebensmittel aus eigener Produktion und Bioanbau. *Do 15.30–18 Uhr*

SPORT & SPASS

Genusspaddeln bedeutet Paddeln ohne sportlichen Ehrgeiz, nur zur Erholung. Genieß die Natur auf Salzburgs Seen und Flüssen! Eine Kostprobe bekommst du z. B. am Wallersee, Touren und Kurse unter: *Tel. 0664 3 26 56 53* und *genusspaddeln.at.*

EISZEITRUNDWEG

Wunderschöne Wanderrunde (lang: 13 km, oder kurz: 7 km), bei der du auf Schautafeln allerhand über die Entstehung des Seenlandes während der Eiszeit lernst. Routeninfo unter *eiszeitrundweg.at.*

RUND UM HENNDORF

7 NEUMARKT AM WALLERSEE

7 km/10 Min. nordöstl. von Henndorf (Auto)

Wer für Barockes schwärmt, kommt an der Wehranlage für die Pfarrkirche in *Neumarkt am Wallersee* nicht vorbei. Das Restaurant im *Seehotel Winkler (tgl. 12–14 u. 18–21 Uhr | Uferstr. 33 | Tel. 06216 52 700 | seehotel.at | €€–€€€)* ist das Traditionslokal der Festspielszene und berühmt für seine Fisch- und Schneckengerichte sowie für die Palatschinken. Alles, was der *Greischbergerhof (im Sommer tgl. | Pfongau 7 | Tel. 06216 60 53 | greisch-*

bergerhof.at | €–€€) im Gastgarten unter Kastanien serviert, ist bio – sogar der selbst gebrannte Schnaps. | *(H1*

MATTSEE

(G1) **Der Ort (3100 Ew.) besticht durch seine Lage, eingebettet zwischen Mattsee und Obertrumer See und umrahmt von freundlichen Hügeln.**

Mattsee ist aber nicht nur ein beliebter Badeort, sondern auch Austragungsort des Musikfestivals „Diabelli-Sommer".

SIGHTSEEING

SCHLOSSBERG

Die ursprüngliche Anlage aus dem 12. Jh. verfiel im 18. Jh. Auf den Gebäuderesten wurde das *Neue Schloss Mattsee (schloss-mattsee.at)* als Veranstaltungsort errichtet. Von hier aus hast du einen wunderbaren Rundumblick. Im *Schlosscafé (8.30–18.30 Uhr, Mai–Sept. Do–Di, Juni–Aug tgl. | Tel. 0664 1418420 | schloss-cafe.at | €–€€)* kannst du bei herrlichem Seepanorama essen – der Brunch ist frisch, regional und üppig! Unbedingt reservieren!

INSIDER-TIPP
Speisen mit Weitblick

KOLLEGIATSTIFT

Es stimmt schon: Kirche kann manchmal langweilen. Nicht so der Stift Mattsee. Der Stift ist das älteste noch bestehende Weltpriesterstift, das auch heute noch Kulisse für zeitgenössische Kultur bietet. In den Kapitelsälen des Stifts und im Neuen Schloss findet der *Mattseer Diabelli-Sommer* statt. Beim Festival im Seenland hörst du Meisterstücke vom Barock bis ins 21. Jh. Und was passt perfekt zu schöner Musik im Sommer? Ein gutes Glas Wein. Seit 1150 besitzt das Stift Mattsee offiziell einen Weingarten in der Wachau. Im *Weinkeller Stift Mattsee (Jan./Feb. Do/Fr 10–12, März–Dez Do–Sa 10–12, Fr 16–18, Juli–Aug. auch Mi 10–12 Uhr | Tassiloweg 4 | stiftmattsee.at)* gibt es neben dem Verkauf von Biowein auch Weinverkostungen.

STIFTSMUSEUM

Das in der Propstei eingerichtete Museum zeigt Geräte, Gemälde und Handschriften. Es beherbergt außer-

Die Bronzeplastik der Stiftskirche Mattsee zeigt Bayernherzog Tassilo III.

dem eine umfangreiche Bibliothek, in der sich u. a. eine Urkunde aus dem Jahr 860 befindet. Einige Räume sind dem Komponisten und Verleger Anton Diabelli gewidmet. *Juni–Aug. Mi, Fr/Sa 15–17 Uhr | Eintritt 4,50 Euro | Stiftsplatz 1 | Führungen: Tel. 06217 52 02 | stiftmattsee.at | ⏱ 1,5 Std.*

ESSEN & TRINKEN

KAPITELWIRT LEOBACHER

Im alten Gemäuer des legendären Kapitelwirts wird in *Leos Gasthaus* saisonale bodenständige Küche serviert. Nebenan in der Vinothek mit *Restaurant* gibt es nach Voranmeldung Verkostungen für Gruppen. *Mo u. Do–Sa 9–24, Di u. So 9–14 Uhr | Marktplatz 7 | Tel. 06217 52 03 | dasleobacher.at | €*

GASTHAUS MAYRHOF

Das Gasthaus Mayrhof bietet eine Riesenauswahl an süßen und salzigen Knödeln, von den Mattseern wird es liebevoll „Kaswirt" genannt. *Do–Sa ab 10, So ab 9 Uhr | Untermayrhof 4 | Tel. 06645 79 35 56 | short.travel/sal2 | €*

SPORT & SPASS

Mattsee verfügt über zahlreiche Radwanderwege, ein Strandbad und eine Segelschule. Entspannungssuchende haben zudem die Möglichkeit, eine *Schiffsrundfahrt (Mai/Juni, Sept. Do–Mo ab Mattsee 10.30 Uhr, Juli/Aug. zusätzl. Di | Rundfahrt 15 Euro | segelschule-mattsee.at)* mit der *„Seenland"* zu unternehmen – Anlegestellen findest du am Mattsee und am Obertrumer See.

RUND UM MATTSEE

8 SEEHAM

5 km/7 Min. westl. von Mattsee (Auto)

Am Westufer des Obertrumer Sees liegt dieser sympathische kleine Badeort (1800 Ew.), der sich „Biodorf" nennt: Mehr als 80 Betriebe arbeiten ökologisch, das Engagement wird immer weiter ausgebaut. Empfehlenswert ist der Gasthof *Zum Altwirt (tgl. | Dorf 1 | Tel. 06217 55 22 | altwirt.at | €).* 🕮 G1

9 TEUFELSGRABEN

7 km/10 Min. südwestl. von Mattsee (Auto)

Durch die wildromantische Schlucht bei Seeham führt ein Natur- und Erlebnispfad zum Wildkarwasserfall. Ein Kenner des Teufelsgrabens und seiner Geschichte führt dich bei einer unterhaltsamen Fackelwanderung hindurch. Die Kugel- und die Rohrmoosmühle sowie das Brechelbad gehören ebenso wie ein *Hochseilpark (April, Mitte Sept.–Ende Okt. Sa/So 10–19, Mai/Juni Fr–So 10–19, Juli–Mitte Sept. tgl. 10–19 | Eintritt 27 Euro | hochseilpark.at)* zum Ökokulturprojekt. Du kannst dort auch Bogenschießen. *teufelsgraben.at* | 🕮 G1

INSIDER-TIPP
Gruselig-schöne Sagen

10 OBERTRUM

6 km/8 Min. südl. von Mattsee (Auto)

Am Südufer des Obertrumer Sees gelegener Markt (4600 Ew.), der

Schätze aus seiner langen Geschichte zeigt die Abtei Michaelbeuern

nach einem Brand 1917 weitgehend wieder aufgebaut wurde. Die *Trumer Privatbrauerei (Tel. 06219 74110 | trumer.at)* hat sich als Biermarke weltweit etabliert, wird aber nur an ausgewählte Händler vertrieben. Der junge Inhaber Seppi Sigl hat sich als Aktivist für die Integration von Flüchtlingen und die Förderung lokaler Kunstprojekte einen Namen gemacht. Die Philosophie des Unternehmens lautet „Alles anders als alle anderen". Vor Ort gibt es eine „Creativ-Brauerei", ein unterhaltsames Kabarett mit Bier zum Anstoßen sowie Führungen.

INSIDER-TIPP
Flüssiges Gold

Der *Braugasthof Sigl (Mo u. Do–Sa 11–24, So 9–22 Uhr | Dorfplatz 1 | Tel. 06219 7700 | braugasthof-sigl.at | €)* verfügt über einen schönen, schattigen Garten. Toll für Wasserratten: das gemütliche Strandbad und die Segelschule des Ortes. *G2*

11 BENEDIKTINERABTEI MICHAELBEUERN ★

11,5 km/15 Min. nordwestl. von Mattsee (Auto)

Die Abtei wurde im 8. Jh. gegründet. Die ältesten erhaltenen Teile stammen aus der Zeit der Romanik. Glanzstück der nach 1945 reromanisierten Stiftskirche ist der barocke *Hochaltar* von Meinrad Guggenbichler (1649–1723) mit dem Altarbild von Johann Michael Rottmayr (1654–1730). Bei einer Führung siehst du die barocke Bibliothek, die mehr als 20 000 Bände enthält, den Abteisaal mit einem Deckenfresko von Franz Nikolaus Streicher, einem begehrten Porträtisten der Mozartzeit, und den Kreuzgang. Außerdem werden Kostbarkeiten aus der Klostersammlung in wechselnden Ausstellungen gezeigt. *Führungen von Ostermontag bis Okt. So 14–16 Uhr, für Gruppen nach Vereinbarung | Eintritt 4 Euro | Tel. 06274 8116 | abtei-michaelbeuern.at | 2 Std. | G1*

SALZ-KAMMERGUT

HALLO SOMMERFRISCHE!

Das Salzkammergut dient den Salzburgern, um ihre Mitte zu finden: Die Landschaft zwischen Atter- und Traunsee, Hallstättersee und Ausseersee tut nicht nur den Augen gut, sie sorgt auch für's innere Gleichgewicht.

Außerdem ist das Salzkammergut wichtig für die Völkerverständigung – es verbindet drei österreichische Bundesländer miteinander: Salzburg, Oberösterreich und die Steiermark. Ein wenig wirkt es, als wäre die Zeit stehen geblieben. Wenn du z. B. in Bad Ischl ankommst,

Altaussee mit Trisselwand

siehst du historische Bauten, und fühlst beinah das Flair der zweiten Hälfte des 19 Jhs., als die Adeligen, Großbürger und Künstler hier Energie tankten. Die Gegend eignet sich immer noch hervorragend für eine Auszeit, egal ob beim Surfen, Paragliden oder Klettern. Entschleunigend ist auch ein Spaziergang durch Bad Aussee oder Bad Ischl: Du betrachtest die schönen Blumenarrangements, schlürfst einen Kaffee in einem der kaiserlich anmutenden Kaffeehäuser. Und tust einfach mal nichts. Auch schön!

SALZKAMMERGUT

MARCO POLO HIGHLIGHTS

★ **KAISERVILLA**
In Bad Ischl verbrachten Franz Joseph I. und seine Sissi den Sommer ➤ S. 75

★ **KAMMERHOF**
Der gotische Bau in Bad Aussee zeugt von der einstigen Macht des Salzes ➤ S. 76

★ **HALLSTATT**
Welterbe der Kultur im Zeichen des Salzes ➤ S. 76

★ **PACHER-ALTAR**
In St. Wolfgang: einer der bedeutendsten gotischen Flügelaltäre Mitteleuropas ➤ S. 73

MONDSEE

(🕮 J2) **Grüße aus der Vergangenheit: Noch heute freuen sich Gäste über das schön anzusehende alte Kloster Mondsee. Zwar wurde das Stift Mondsee 1791 aufgelöst, doch die ehemaligen Stiftsräumlichkeiten werden als Wohn-, Geschäfts- und Veranstaltungsareal genutzt.**

Teile des früheren Klosters beherbergen das *Schlosshotel Mondsee*. Im Ort leben 3400 Einwohner, der See ist wegen seiner angenehmen Wassertemperaturen beliebt. Anfang September präsentieren die *Mondsee-Tage* Musik und Literatur.

Im Inneren der Stiftskirche in Mondsee trifft Gotik auf Barock

SIGHTSEEING

BASILIKA MONDSEE

Die ehemalige Stifts- und heutige Pfarrkirche zum Hl. Michael besticht durch ihren gotischen Innenraum und ihre barocke Ausstattung. Sie war der Spielort der „The Sound of Music"-Hochzeitsszene.

BAUERNMUSEUM MONDSEE-LAND

Das für die Gegend typische Gehöft beherbergt Wohnhaus, Stall und Stadl (Scheune) unter einem Dach. Der Kamin fehlt ganz, denn der Rauch zieht durch das Dach ab. Beim Bau der Westautobahn 1959 wurde das Haus abgetragen und nahe bei der Stiftskirche wieder aufgebaut. *Di–So: Mai–Juni, Sept./Okt. 10–17, Juli–Aug. 10–18 Uhr | Eintritt 5 Euro | Hilfberg 6 | museummondsee.at | ⏲ 2 Std.*

ESSEN & TRINKEN

DRACHENWAND

Gasthaus in einem 500 Jahre alten Gebäude am Fuß der Drachenwand. Auf den Tisch kommen österreichische und internationale Küche sowie ausgezeichnete Fischgerichte. *Mi–So | Sankt Lorenz 46 | Tel. 06232 33 56 | drachenwand.at | €*

HOLZINGERBAUER

Ein kühler Most im Garten nach einem Badetag – und das Glück ist perfekt. Spezialität: der Mondseer-Käse nach einem Rezept von 1830. *Mo/Di/Do/Fr ab 15 Uhr (Reser-*

vierung empfohlen) | Oberburgau 12 | Tel. 0623 23 84 10 | €

SEEHOTEL LACKNER

Seegasthof mit der besten Küche weit und breit. Frische Fische aus der Region werden zubereitet. *Do–Di 15–20.30, Feiertag u. So 12–20.30 Uhr | Reservierung nötig | Mondseestr. 1 | Tel. 06232 2 35 90 | seehotel-lackner.at | €€*

SPORT & SPASS

Auf dem Mondsee wird gesegelt, gesurft und Wasserski gefahren. Das großzügig angelegte *Alpenseebad (Seebadstr. 3 | gemeinde-mondsee.at)* hat eine 45 m lange Erlebnisrutsche. Die *Segelschule Mondsee (Robert-Baum-Promenade 3 | segelschule-mondsee.at)* bietet u. a. Segel-, Surf-, Kitekurse für Kinder und Jugendliche. Gut ausgeschilderte Wanderwege führen zu faszinierenden Ausblicken auf die Seen- und Bergwelt.

RUND UM MONDSEE

1 OBERWANG

11 km/14 Min. nordwestl. von Mondsee (Auto)

Eine Wanderroute führt von Mondsee nach Oberwang (1600 Ew.). Versäum nicht, einen Blick in die *Pfarrkirche Sankt Kilian* (mit einem Hochaltar des Bildhauers Meinrad Guggenbichler) zu werfen und genieß eine Jause im Wirtshaus *Fideler Bauer (Mo geschl. | Grossenschwandt 31 | Tel. 06233 85 70 | fideler-bauer.at | €–€€).* J2

2 STEINBACH AM ATTERSEE

23 km/26 Min. östl. von Mondsee (Auto)

Der kleine Ort (900 Ew.) am Fuß des Höllengebirges wurde Ende des 19. Jhs. berühmt, als Gustav Mahler mehrere Sommer dort verbrachte und sich am See ein Komponierhäuschen errichten ließ. Hol dir den Schlüssel für Mahlers Domizil ab und schau, wie es darin aussieht. Einfach fragen im *Gasthof Föttinger (im Sommer tgl., sonst variable Ruhetage | Seefeld 14 | Tel. 07663 81 00 | €€),* das für seine Fischspezialitäten bekannt ist. Im Juli und August finden in Steinbach die *Philharmonischen Wochen (Infotel. 07663 77 19 60)* statt. K2

INSIDER-TIPP
Wie Komponisten Urlaub machen

3 UNTERACH AM ATTERSEE

14 km/16 Min. südöstl. von Mondsee (Auto)

Für viele ist Unterach (1400 Ew.) der Lieblingsplatz am „Meer der Linzer", wie der Attersee auch genannt wird. Überreste einer Pfahlbausiedlung verweisen auf eine sehr frühe Besiedelung. Frühstück gibt es hier in der *Röhre (April–Dez. Mo/Do/Fr ab 15, Sa/So ab 9 Uhr | Stockwinkel 1 | Tel. 0664 1 33 98 64 | dieroehre.com | €€).* Die „Gastronomie zwischen den Seen" ist bekannt für ihren guten Wochenendbrunch. J–K 2–3

Es muss nicht immer Schnee sein: Herbst in Sankt Wolfgang am Wolfgangsee

SANKT GILGEN

(□ J3) **Im lebendigen Mozart-Dorf (3800 Ew.) am Wolfgangsee hat auch Altbundeskanzler Helmut Kohl viele Sommer verbracht.**

Mozarts Mutter wurde 1720 hier geboren, seine Schwester Nannerl lebte viele Jahre mit ihrem Mann, dem Gerichtspfleger Berchtold von Sonnenburg, im Geburtshaus der Mutter.

SIGHTSEEING

MOZARTHAUS SANKT GILGEN

Die lohnende Ausstellung im Bezirksgericht Sankt Gilgen zeigt Briefe, Noten und Gemälde. *Juni–Sept. Di–So 10–16 Uhr | Eintritt 4 Euro | Ischler Str. 15 | ⏲ 1,5 Std.*

ESSEN & TRINKEN

FÜRBERG – GASTHOF UND HOTEL

Im 700 Jahre alten Gasthaus werden Saibling, Forelle oder Reinanke aus eigener Zucht serviert. Zudem gibt's eine schöne Badebucht. *Juli/Aug. tgl. 17.30–21 Uhr, sonst Di. geschl. | Fürbergstr. 30 | Tel. 06227 2 38 50 | fuerberg.com | €€–€€€*

WIRT AM GRIES

Wirtshaus mit Bodenhaftung und Esprit zugleich; regionale Gerichte der Saison. *Mi–Fr ab 17.30, Sa/So 11.30–14 u. 17.30–21 Uhr | Steinklüftstr. 6 | Tel. 06227 23 86 | wirtamgries.at | €–€€*

SPORT & SPASS

Morgens geht's los zur Wanderung aufs *Zwölferhorn (12erhorn.at)*. Den

Abstieg übernimmt die Seilbahn. In Sankt Gilgen findest du zudem eine Wasserski- und Segelschule: *Wassersportzentrum Engel (Seepromenade St. Gilgen | Tel. 0664 5850891 | wassersport-engel.at)*

SANKT WOLFGANG

(🕮 J3) **Die Ikone des Salzkammerguts, heute eine Marktgemeinde mit 2800 Einwohnern, verdankt ihre Berühmtheit einer Legende um den Hl. Wolfgang, Bischof von Regensburg, einer Operette und einem Film.**

Der Komponist Ralph Benatzky (1884–1957) hob 1930 ⚑ *Sankt Wolfgang* mit „Im weißen Rössl" in den Operettenhimmel. Die gleichnamige Komödie von 1960 ist ein Filmklassiker. 2013 wurde das „Weiße Rössl – Wehe, du singst" als Musical neu verfilmt. Auf dem Friedhof am Ortsrand liegt Benatzky begraben, wie auch der deutsche Schauspieler Emil Jannings (1884–1950), der viele Sommer am Wolfgangsee verbracht hat.

SIGHTSEEING

PACHER-ALTAR ★

In der Pfarrkirche (12. Jh.) steht einer der bedeutendsten gotischen Flügelaltäre Mitteleuropas. 1481 fertiggestellt, repräsentiert er das Hauptwerk Michael Pachers. Kunsthistorisch bedeutend sind neben dem Barockaltar von Thomas Schwanthaler auch die von Meinrad Guggenbichler geschaffenen Statuen.

ESSEN & TRINKEN

DORF-ALM

Gasthaus im Stil einer Almhütte mit zünftiger Küche und *Puppenmuseum (Mo–So 11–18 Uhr | Eintritt 5 Euro)* mit mehr als 1500 Barbiepuppen. *Mi–Mo 11–24 Uhr | Markt 123 | Tel. 06138 20145 | dorf-alm.at | €€*

SEEBÖCKENHOTEL ZUM WEISSEN HIRSCHEN

Auf der romantischen Seeterrasse unter Kastanienbäumen lässt sich hervorragend Regionales, Vegetarisches oder Leckeres aus der hauseigenen Konditorei schlemmen. *Markt 73 | Tel. 06138 2238 | weisserhirsch.at | €€–€€€*

SPORT & SPASS

Auf dem ⚑ *Wolfgangsee* sind neben Schiffstouren nach Sankt Gilgen und Strobl auch Wasserski und Wakeboard gefragt. Schön ist ein Spaziergang um den See oder eine Wanderung auf den *Schafberg* (1783 m). Alternativ bringt dich die *Schafbergbahn (Talstation Mai–Sept. stündl. Abfahrt tgl. 9–16.30 Uhr, Juli/Aug. So Nostalgiefahrten ab 20 Personen | Ticket Berg- oder Talfahrt 28,10 Euro, Berg- und Talfahrt 39,60 Euro | schafbergbahn.at)* hinauf.

AUSGEHEN & FEIERN

W3 ALT NEU ANDERS

Das W3 ist eine gemütliche Bar im Herzen von St. Wolfgang, die vor allem am Wochenende von Einheimischen als zentraler Treffpunkt gewählt wird. Eine Altersgrenze gibt es nicht: Jung trifft auf Alt, und alle genießen die entspannte Atmosphäre. *Mo–Do 18–02, Fr–Sa 18–04 Uhr | Markt 30 | Tel. 0664 4 62 80 92 | facebook: W3*

BAD ISCHL

(🕮 K3) **Das „Kaiserfest" zum Kaisergeburtstag am 18. August, die Operettenklänge der Lehár-Festspiele und köstliche altösterreichische Mehlspeisen beim Zauner: All das lockt Tausende im Sommer nach ⚑ Ischl.**

In der lebendigen Kur- und Operettenstadt (14 000 Ew.) entdeckst du auf Schritt und Tritt Details aus der k. u. k. Monarchie. Und triffst beim Flanieren auf der Esplanade elegante Sommerfrischler, die auch in die damalige Zeit gepasst hätten.

Franz Lehár machte Ischl zu einem Mekka der Operette. In seiner an der Traun gelegenen Villa ist eine Gedenkstätte mit unzähligen Erinnerungsstücken eingerichtet. Die 1961 gegründeten Operettenfestspiele sind nach ihrer erfolgreichen Modernisierung bekannt als *Lehár Festival Bad Ischl (Kongress- & Theaterhaus Bad Ischl | Kurhausstr. 8 | Tel. 06132 2 38 39 | leharfestival.at).*

Pastry auf Salzburgisch: Punschkrapferl in der Konditorei Zauner

SIGHTSEEING

KAISERVILLA ★

Die schlossartig ausgebaute Biedermeiervilla war das Hochzeitsgeschenk von Kaisermutter Sophie an Franz Joseph und Sisi. Es ist auch der Schreibtisch zu sehen, an dem Franz Joseph im Sommer 1914 die Kriegserklärung an Serbien unterschrieb. Dass der Monarch ein begeisterter Jäger war, zeigen die unzähligen Jagdtrophäen. *Jan.–März Mi 10–16, April/Okt. tgl. 10–16, Mai–Sept. tgl. 9.30–17 Uhr, Advent Sa/So 10–16 Uhr | Eintritt 15 Euro | kaiservilla.at | ⏲ 2 Std.*

LEHÁRVILLA

Wo der Komponist Franz Lehár wohnte, siehst du heute persönliche Erinnerungsstücke und Dokumente einer großen Operettenära. *Mai/Juni, Sept. Mi–So 10–17, Juli/Aug. Mo, Mi–So 10–17 Uhr | 5,80 Euro | Franz-Lehár-Kai 8 | stadtmuseum.at/hg_leharvilla.php*

MUSEUM DER STADT

Im ehemaligen Erbhaus der Salzfamilie Seeauer fand 1853 die Verlobung von Kaiser Franz Joseph I. mit Elisabeth in Bayern – so Sisis offizieller Name – statt. Heute wird hier Bad Ischls Entwicklung von der Salz- zur Kurstadt gezeigt. *Mi 14–19, Do–So 10–17 Uhr | Eintritt 5,50 Euro | Esplanade 10 | stadtmuseum.at | ⏲ 1 Std.*

ESSEN & TRINKEN

RESTAURANT ATTWENGER

Gelungene Mischung aus regionaler Küche mit internationalen Einflüssen. Dazu gibt es hervorragenden Wein, Craft-Biere und Cocktails. *Di–Sa 17.30–21, Do–So 11.30–14, So 17.30–20.30 Uhr | Leharkai 12 | Tel. 06132 2 97 03 | restaurant-attwenger.at | €€*

KONDITOREI ZAUNER

Weit über die Stadtgrenzen hinaus bekannt ist das Traditionscafé (seit 1832) mit seinen Zaunerkipferln, dem Zaunerstollen und den legendären Florentiner-Keksen: Knusprige Mandel-Honigmasse, abgerundet mit Zartbitterschokolade. Unbedingt probieren! *Tgl. | Pfarrgasse 7 | weitere Filiale: Grand Café Restaurant Esplanade (Hasnerallee 2) | Tel. 06132 2 33 10 20 | zauner.at;*

INSIDER-TIPP
Kaiserlicher Leckerbissen

SPORT & SPASS

Über einen schattigen Waldweg gelangst du in einer halben Stunde zur Aussichtswarte auf dem *Siriuskogel*, um einen tollen Blick über die Stadt zu genießen. Wer höher hinaus und wandern will, fährt mit der Gondelbahn *(katrinseilbahn.com)* auf die *Katrin* (1500 m), den Hausberg der Ischler. Am Klettersteig dort kannst du dich wunderbar auspowern.

AUSGEHEN & FEIERN

Selbst die Ischler Nachtszene hat etwas vom ehemaligen K.-u.-k.-Charme. Bei Nachtschwärmern beliebt ist das *Stehbeisl (tgl. bis 2 Uhr | Auböckplatz 6 | stehbeisl.at)*, im

K & K Hofbeisl (Wirerstr. 4 | kukhofbeisl.com) und im *Augustin Huber (Pfarrgasse 2)* geht's gemütlich zu.

RUND UM BAD ISCHL

4 ALTAUSSEE

25 km/30 Min. südöstl. von Bad Ischl (Auto)

Der alte Salzort (1900 Ew.) am gleichnamigen See zählt neben Bad Aussee zu den touristischen Zentren des steirischen Salzkammerguts. Das seit dem 8. Jh. bestehende *Salzbergwerk (ganzjährige Führungen | Eintritt 19 Euro | Tel. 06132 2 00 24 00 | salzwelten.at)* kannst du auf einer zweistündigen Tour mit festem Schuhwerk und warmer Kleidung entdecken – durch Stollen und über Rutschen am unterirdischen Salzsee vorbei. *L4*

5 BAD AUSSEE

27 km/30 Min. südöstl. von Bad Ischl (Auto)

Die kleine Stadt (4800 Ew.) ist seit 1868 Kurort, und das Soleheilbad wird nach wie vor viel besucht. In Bad Aussee wird gern Tracht getragen, und auch sonst ist man traditionsbewusst. Dass hier aber auch der geografische Mittelpunkt Österreichs ist, macht die Bad Ausseer besonders stolz. Im gotischen ★ *Kammerhof (März–Juni, Okt. Di–Fr, So 10–13, Sa 11–17, So 10–13 Uhr, Juli–Sept. tgl. 10–17 Uhr | Führungen auf Anfrage: Tel. 03622 5 37 25 11 | Eintritt 7 Euro | Chlumeckyplatz 1)*, dem einstigen Sitz der Salzverwaltung, ist ein Heimatmuseum untergebracht. Besonders sehenswert ist der mit gotischen Fresken verzierte Kaisersaal. In der *Schauschmiede* am Meranplatz darf man im Sommer *(Fr 9–16 Uhr)* beim Beschlagen der Pferde zuschauen. Beim *Staud'nwirt (tgl. | Grundlseerstr. 21 | Tel. 03622 5 45 65 | staudnwirt.at | €)*, einem familienfreundlichen Landgasthof, bekommst du eine preisgünstige Mahlzeit. *L4*

6 GRUNDLSEE

31 km/40 Min. südöstl. von Bad Ischl (Auto)

Die Südwestspitze des Sees ist bei Tauchern wegen seiner großen Sichtweiten beliebt. Es ist eine spezielle Tauchgenehmigung erforderlich. Eine Drei-Seen-Wanderung schließt den *Toplitzsee* und den vom Toten Gebirge beherrschten *Kammersee* mit ein. *L4*

HALLSTATT

(K4) ★ **Hallstatt (ca. 750 Ew.) mit seinen alten Fischerhäuschen lebt vom Tourismus. Dass der Ort zu schön ist, um wahr zu sein, weiß mittlerweile die ganze Welt.** Bereits vor gut 4000 Jahren besiedelten Menschen die Region, um nach Bodenschätzen zu suchen. Wie viele Orte in dieser Gegend kam Hallstatt durch Handel und Salzge-

Am historischen Marktplatz Hallstatts ist es nicht immer so ruhig

winnung zu Reichtum. Dabei war der Weg das Ziel, denn bis Ende des 19. Jhs. konnte man Hallstatt nur per Schiff über den *Hallstätter See* oder auf schmalen Pfaden erreichen. Heute sieht das anders aus: Täglich erreichen Busladungen die Ufergemeinde, asiatische Touristen wollen sich den Ort, den die Chinesen in der Provinz Guangdong sogar nachgebaut haben, im Original ansehen und die typischen Fotos vom See schießen. Nicht immer zur Freude der Einheimischen. Mit hohen Gebühren für Touristenbusse versucht man, den Andrang der Tagesgäste zu regulieren.

Hallstatts Salzberg ist der weltweit älteste noch bewirtschaftete Bergbaubetrieb, der Ort samt Umgebung zählen zum Unesco-Welterbe.

SIGHTSEEING

PFARRKIRCHE

Ganz schön gruselig: Im *Karner* der Kirche, dem *Hallstätter Beinhaus (Mai–Okt. tgl. 10–18 | Eintritt: 1,50 Euro)* werden rund 1200 Totenschädel aufbewahrt. Die meisten von ihnen sind dekoriert und mit Namen und Jahreszahl versehen. Da auf dem Friedhof Platzmangel herrschte, kamen bei Umbettungen die Schädel in das Beinhaus.

MUSEUM HALLSTATT

Als sie in Hallstatt ein prähistorisches Gräberfeld fanden, konnten es die Archäologen kaum fassen: Sie waren auf das Zentrum einer uralten Zivilisation gestoßen. Das Museum beleuchtet die faszinierende Geschichte die-

Ein Highlight beim Besuch des Bergwerks der Salzwelten: die alte Grubenbahn

ser sogenannten Hallstatt-Kultur. *Mai–Sept. tgl. 10–18 Uhr, April/Okt. tgl. 10–16 Uhr, Nov.–März Mi–So 11–15 Uhr | Eintritt 10 Euro | Seestr. 56 | museum-hallstatt.at | 1 Std.*

SALZWELTEN HALLSTATT

Das Leben des 1734 gefundenen „Manns im Salz" und der prähistorische Bergbau stehen im Mittelpunkt der Salzwelten-Ausstellung. Darüber hinaus geht es im Bergwerk über die längste Bergmannsrutsche Europas – ein Highlight! – und an einem mystisch beleuchteten Salzsee vorbei. *tgl., März, Okt.–Dez. tgl. 9.30–14.30 Uhr, April–Sept. 9.30–16.30 Uhr | Eintritt 34, Kinder (4–15 J.) 17 Euro (inkl. Panoramabahn) | salzwelten.at | 2 Std.*

INSIDER-TIPP
Unterirdisch schönes Erlebnis

ESSEN & TRINKEN

BRÄUGASTHOF

Auf der Seeterrasse und in den heimeligen Stuben dieses beliebten Gasthofs von 1472 stehen Gutbürgerliches und regionale Schmankerln auf der Speisekarte. *Tgl. | Seestr. 120 | Tel. 06134 82 21 | brauhaus-lobisser.com | €*

SPORT & SPASS

TAUCHCLUB DACHSTEIN-SALZKAMMERGUT

Die Seen der Region zählen zu den schönsten Tauchrevieren Europas. Besonders beliebt ist das Flusstauchen am Traunfall. Der Tauchclub Dachstein-Salzkammergut nimmt dich mit. *Seestr. 113 | dive-adventures.at*

RUND UM HALLSTATT

7 HANDWERKHAUS BAD GOISERN

12 km/17 Min. nördl. von Hallstatt (Auto)

Im renovierten Schloss Neuwildenstein zeigen Meisterbetriebe aus der Region Handwerkskunst. *Mo–Fr 9–12 u. 14–18, Sa 9–12 Uhr | Rudolf-von-Alt-Weg 6 | Tel. 06135 5 08 00 | handwerkhaus.at |* 🕮 *K4*

8 BLAA-ALM

27 km/35 Min. nordöstl. von Hallstatt (Auto)

Die Bioalm am Loser lockt mit Murmeltieren und Kaiserschmarrn. Sie ist von Altaussee mit dem Auto über die Loser-Panoramastraße zu erreichen. *Di–Sa 10–22, So bis 17 Uhr | Lichtersberg 73 | Tel. 03622 7 11 02 | blaa-alm.co.at |* 🕮 *L4*

9 DACHSTEINHÖHLEN

7,5 km/15 Min. östl. von Hallstatt (Auto)

Das Dachsteinmassiv am Hallstätter See erreichst du ganz bequem mit der Seilbahn oder – etwas anstrengender – auf einer der vielen Aufstiegsrouten. Stopps solltest du einlegen bei den beiden Tropfsteinhöhlen: die *Mammuthöhle* (von mehr als 60 km Gängen ist ein kleiner Teil für Touristen begehbar) oder die *Eishöhle* mit ihren Hallen und Domen (800 m von 2700 m sind begehbar). Der Besuch der Dachsteinhöhlen dauert jeweils 1,5 Std. und die Temperatur liegt um den Gefrierpunkt. Feste Schuhe und warme Kleidung sind unerlässlich. Ausgangspunkt ist die Mittelstation der Dachsteinbahn Obertraun (5 km östlich von Hallstatt). *Tgl., Mai–Okt. Bergfahrt ab 8.40 Uhr | Eintritt ab 42,60 Euro (alle drei Höhlen, Seilbahn inbegriffen) | dachstein-salzkammergut.com |* ⏱ *1,5 Std. |* 🕮 *L4–5*

GMUNDEN

(🕮 L2) **Die lebhafte Stadt am Nordufer des Traunsees ist mit 13 000 Einwohnern die unbestrittene „Hauptstadt" am See.**

Wenn die „Gisela", der älteste Schaufelraddampfer der Welt, von der Esplanade ablegt und die Blautöne von See und Himmel ineinander übergehen, ist Sommerfrische von ihrer schönsten Seite angesagt *(Rundfahrten Juli/Aug. sonntags | 28 Euro | Tel. 07612 6 67 00 | traunseeschifffahrt.at).*

Im Zentrum Gmundens befindet sich der *Kammerhof*, einst Sitz des landesfürstlichen Salzamts. Eine 130 m lange Holzbrücke verbindet das *Seeschloss Orth* (bekannt aus der Fernsehserie „Schlosshotel Orth") mit dem Landschloss, in dem eine Forstschule untergebracht ist. *Gmunden* lässt sich auch gut mit der ehemals kleinsten Straßenbahn der Welt entdecken *(Abfahrt ca. alle 30 Min. | 2,20 Euro | gmundner-strassenbahn.at).*

SIGHTSEEING

KLO & SO – MUSEUM FÜR HISTORISCHE SANITÄROBJEKTE

Kein Scherz: Mit der Kulturgeschichte des WCs befasst sich dieses kleine, sehenswerte Museum. *Mi–Fr 13–17, Sa/So 10–16 Uhr | 6 Euro | Kammerhofgasse 8 | K-Hof | ⏲ 15 Min.*

ESSEN & TRINKEN

GRELLINGER

Älteste Konditorei Gmundens, mit illustrem Gästebuch. Hier wird Gmundner Torte – aus Mürbeteig, Nuss und Schokolade – serviert. *Do–Di 8.30–18 Uhr | Franz-Joseph-Platz 6 | Tel. 07612 64153 | konditorei-grellinger.at | €*

VILLA TOSCANA

Regionale und toskanische Spezialitäten in wunderschönem Jugendstilambiente mit Blick auf den Traunsee. *Mo/Di geschl. | Toscanapark 6 | Tel. 050140 15181 | congress-gmunden.at | €€*

SHOPPEN

GMUNDNER KERAMIKMANUFAKTUR

Wo seit 350 Jahren Keramik hergestellt wird, hat diese Manufaktur vor 100 Jahren ihren Betrieb aufgenommen. In den Werkstätten siehst du, wie das Dekor aufgetragen wird. Günstige Ware zweiter Wahl. *Mo–Fr 9–18, Sa 9–17 Uhr | Führungen (Termine siehe Website) 8 Euro | Keramikstr. 24 | Tel. 07612 7860 | gmundner.at*

RUND UM GMUNDEN

10 ALTMÜNSTER

3 km/6 Min. südwestl. von Gmunden (Auto)

Im ältesten Ort am Traunsee (9800 Ew.) haben sich einst schon die Römer angesiedelt. Heute werden hier Rafting- und Canyoningtouren *(Sport & Abenteuerschule | Schnuppertour 50, Tagestour 95 Euro | sport-abenteuer.at)* für Abenteuersuchende angeboten.

In 850 m Höhe liegt der *Almgasthof Windlegern (Nov.–April Do–So 11.30–22, Mai–Okt. Do–Mo 11.30–22 Uhr | Kollmannsberg 122 | Neukirchen | Tel. 07617 2844 | windlegern.at | €)*, wo du Hausmannskost mit Produkten aus der eigenen Landwirtschaft serviert bekommst. Die Sicht auf den Traunstein ist überwältigend. 📖 L2

Mit der Feuerkogel-Seilbahn geht's hoch über Traunstein und See hinaus

11 TRAUNKIRCHEN

11 km/14 Min. südl. von Gmunden (Auto)

Der Ort (1600 Ew.) liegt hübsch auf einer Halbinsel. Die Kirche *Mariä Krönung* (Mitte des 17. Jhs.) ist wegen der in Form eines Fischerbootes gestalteten, reich verzierten *Fischerkanzel* ein Pilgerziel für Barockliebhaber. Wassersportler zieht es zum großen Naturbadestrand oder zur Segel- und Tauchschule im Ort. *L2*

12 EBENSEE

16 km/20 Min. südl. von Gmunden (Auto)

Am Südufer des Traunsees wird das mit einer Soleleitung von Hallstatt herantransportierte Salz verarbeitet. Das *Museum Ebensee (Juni–Sept. Di, Do, Sa 14–18 Uhr, Gruppen n. Vereinb. | Eintritt 6 Euro | Kirchengasse 6 | museumebensee.at)* zeigt u. a. Krippenbrauchtum, ein Unesco-Kulturerbe. Kino, Konzerte, Lesungen bietet der *Kulturverein Kino Ebensee (Schulgasse 6 | kino-ebensee.at)*. Der Ort ist Ausgangspunkt für Wanderungen um die Langbathseen (7 km von Ebensee), in denen man auch tauchen kann. Die Windverhältnisse auf dem 1594 m hohen *Feuerkogel* ziehen Drachenflieger und Paraglider an. *ebensee.at* | *L2–3*

SCHÖNER SCHLAFEN IM SALZKAMMERGUT

NAH AM WASSER GEBAUT

Im *Hotel Seevilla (59 Zi. | Fischerndorf 60 | Tel. 03622 7 13 02 | seevilla.at | €€€)* in Bad Aussee schläft es sich friedlich. Die eigentliche Sensation ist das Frühstück auf dem Altausseer See, das die Gastgeber gern für dich organisieren. Auf einer Plätte, dem traditionellen Holzboot der Gegend, sitzend, genießt du die Aussicht auf die Hausberge Loser und Trisselwand.

TENNENGAU & PONGAU

WO BERGFEXE ZU HAUSE SIND

Das Bundesland Salzburg – ja, verwirrend: Es heißt genauso wie die Stadt – ist in fünf Bezirke unterteilt, „Gaue" genannt. Tennengauer nennen ihren Gau gerne den „Supergau". Und liegen damit goldrichtig.

Der Tennengau liegt mitten in der Natur – mit Klammen, Klettersteigen und Seen. Die Bezirkshauptstadt Hallein wird – als kleine Schwester Salzburgs – oft unter Wert verkauft. Weil auch Hallein in Zeiten der Kelten und später des Salzhandels ein wichtiger Player war, findet

Alte Mühle, Golling

man hier eine wunderschön erhaltene Saline, die sich einmal im Jahr in einen modernen Künstler-Thinktank *(schmiede.ca)* verwandelt. Südlicher passiert man mit dem Pass Lueg die inoffizielle Grenze zum „Innergebirg". Der Pongau ist bergiger als der Tennengau, zahlreiche Skipisten inklusive. Das Gasteiner Tal bietet sich für einen Trip in die Vergangenheit an. Berliner Hipster und schwedische Aussteiger geben den verfallenen K.-u.-k.-Häusern im Rahmen von Künstlerprogrammen etwas ihrer verlorenen Seelen zurück.

TENNENGAU & PONGAU

MARCO POLO HIGHLIGHTS

★ **DÜRRNBERG**
Große Vielfalt: 4000 Jahre Salzbergbau, Solekurort mit Ausblick, Keltendorf und Schaubergwerk ➤ S. 87

★ **EISRIESENWELT**
Die große Eishöhle bei Werfen zeigt sich als glitzernde Schönheit unter Tage ➤ S. 89

★ **BAD GASTEIN**
Aus der Zeit gefallen: Nach einigen Jahren Dornröschenschlaf entdecken Hipster den Ort in den Bergen für sich ➤ S. 94

Bad Goisern
Gschwandt
Pichlern
Sankt Agatha
Schorn
Gosau
Rußbach
am Paß Gschütt
Lindenthal
Abtenau
S. 88
Salfelden
Hallstatt
Obertraun
Hallstätter
See
Vorderer
Gosausee
Annaberg
im Lammertal
Hinterer
Gosausee
Lungötz
Sankt Martin
am Tennengebirge
13 Filzmoos
Ramsau
am Dachstein
A1
7 Hüttau
Eben im Pongau
Vorberg
Mandling
Enns
Schladming
12 Radstadt
Altenmarkt
im Pongau
Reitdorf
Forstau
Höggen
Flachau
9 Wagrain
ÖSTERREICH
Untertauern
Walchau
Altenmarkt-Zauchensee
S. 93
21 km, 23 Min.
Kleinarl
14 Obertauern
Tauerntunnel
Tweng
Wald
Weißpriach
Taurach
A1
Zederhaus
Mauterndorf
5 km
3.11 mi
Rotgülden

Ausgezeichnete Speisen und Wein gibt's in Döllerers Genusswelten

HALLEIN

(🕮 G3) **Aufwachsen in Hallein (20 400 Ew.) bedeutet die ständige Präsenz von Salz, Kelten und dem Lied „Stille Nacht, Heilige Nacht".** Trotz der Geschichtsträchtigkeit ist die Bezirkshauptstadt des Tennengaus ein Zentrum sozialen Lebens mit Kino, Bars, Restaurants, aber auch jungen Kulturinitiativen. Besonders schön: der Shabby Chic der Altstadthäuser, die von der Architektur zu Zeiten des Salzhandels geprägt sind.

SIGHTSEEING

KELTENMUSEUM

Die Kultur der Kelten und ihr Einfluss auf den Salzbergbau auf dem Dürrnberg werden mit Exponaten von europäischem Rang dargestellt. In dem ehemaligen Salinenverwaltungsgebäude von 1654 wird auch historische Salzgewinnung veranschaulicht. *Tgl. 9–17 Uhr, Gruppen nach Anmeldung | Eintritt 7,50 Euro | Tel. 06245 80783 | keltenmuseum.at | ⏲ 2 Std.*

ESSEN & TRINKEN

DIE GENUSSKRÄMEREI

Gemeinsames Projekt von Mutter und Sohn, täglich frische Köstlichkeiten in einladendem Ambiente. *Di–Do 9–18, Fr 9–22 u. So 9–13 Uhr | Unterer Markt 10 | Tel. 0664 75 03 22 36 | genusskraemerei.at*

BRAUN CONFISERIE-PATISSERIE-CAFÉHAUS

Modernes Ambiente in altem Gemäuer. Feinste Patisserie und die besten Pralinen der Region. *So/Mo geschl. | Unterer Markt 8 | confiserie-braun.at*

PAN CAFÉ

Modernes, gemütliches Kaffeehaus mit Kaffee aus regionaler Röstung. *Fr, So–Di 8.30–17, Sa 8.30–15 Uhr | Metzgergasse 9 | pancafe.at*

SHOPPEN

BRENNEREI GUGLHOF

Eine der besten Schnapsbrennereien Salzburgs. Hinfahren, kosten, mitnehmen! Ein Geheimtipp: der Vogelbeerschnaps. *Mo–Fr 8–12 u. 13.30–18, Sa 8–12 Uhr | Davisstr. 13a | guglhof.at*

INSIDER-TIPP
Fruchtig bis süffig

CONCEPT BLUE

Ein Hauch Skandinavien in Hallein. Trendige Damenoutfits mit Stil; freundliche Beratung. *Mo–Fr 9–18, Sa 9–13 Uhr | Ederstr. 1 | conceptblue-fashion.com*

GRUNDTNER & SÖHNE

Grundtner & Söhne versorgt moderne Männer mit stilvollen Klamotten. Highlight: die Verkaufsfläche selbst – ein uraltes Halleiner Gewölbe. *Mo–Fr 10–13 u. 14–19, Sa 10–13 Uhr | Unterer Markt 15 | grundtnerundsoehne.com*

AUSGEHEN & FEIERN

FREYSITZ

The Place to be in Hallein. Schon seit Jahrzehnten trifft man sich am Abend in dieser Bar, die mit der Zeit geht. *Mi–Sa ab 18 Uhr | Matthias-Bayrhamer-Platz 10 | short.travel/sal6*

RUND UM HALLEIN

1 DÜRRNBERG ★

6 km/12 Min. südwestl. von Hallein (Auto)

Der Hausberg der Halleiner *(duerrnberg.at)* lädt zum Wandern, Rad- und Skifahren ein. Die Besichtigung des stillgelegten *Salzbergwerks (tgl., April–Okt. 9–17, Nov.–März 10–15 Uhr | Eintritt inkl. Keltendorf 23, Kinder 4–15 J. 11,50 Euro | nicht für Kinder unter 4 J. | salzwelten.at)* ist Pflicht. Über lange Bergmannsrutschen gelangt man in die Stollen, unterirdisch geht's per Boot über den Salzsee. Wer online bucht, vermeidet Wartezeiten. Das rekonstruierte *Keltendorf (geöffnet wie Salzbergwerk)* zeigt, wie das Volk vor 2500 Jahren lebte. *G4*

2 KUCHL

8 km/9 Min. südl. von Hallein (Auto)

Der Studentenort Kuchl bietet – mit guter Verkehrsanbindung an die Stadt Salzburg – zur Entspannung den Georgenberg und den Bürgerausee (inkl. Beachvolleyballplatz). Das *Café Kubus (Do–Di ab 9 Uhr | Markt 23)* ist angesagt und serviert tolles Frühstück. Relaxt ist es im *Ya Café (Mo–Do, Sa 8.30–19, Fr 8.30–22, So 13–19 Uhr | Jadorf 20)* etwas abseits des Marktplatzes, und die *Pizzeria Imbei (tgl. 11–23 Uhr | Markt 10)* hat seit vielen Jahren die beste Pizza im Ort. *H4*

3 GOLLING

11 km/13 Min. südl. von Hallein (Auto)

Einheimische wissen: In Golling tanzt der Tennengau. Etliche Kulturveranstaltungen und die hochwertige Küche locken Genießer von überall an. Besonders beliebt sind die *Festspiele Burg Golling (festspielegolling.at)* und das Essen im mit einem Michelinstern und drei Hauben gekrönten Restaurant der *Döllerers Genusswelten (So/Mo geschl. | Markt 56 | Tel. 06244 42 20 | doellerer.at | €€€)*, zu denen auch Hotel, Wirtshaus, Enoteca und Metzgerei gehören.

Auch ganz weit vorn: das mit zwei Hauben ausgezeichnete *Gasthaus*

Adler (Di–Sa ab 17 Uhr | Markt 58 | adler-golling.com | €€) und die Kuchenauswahl im *Café Maier (tgl. 7.30–19 Uhr | Markt 12 | cafemaier.at)*. Einen Ausflug wert sind das *Gollinger Bluntautal*, der *Gollinger Wasserfall* und die Saunalandschaft im *Aqua Salza (tgl. ab 10 Uhr | Möslstr. 199 | aqua-salza.at)*. *H4*

4 SANKT KOLOMAN

12 km/14 Min. südöstl. von Hallein (Auto)

Eines der schönsten Dörfer des Landes. Es hält sich auf dem Hochplateau über dem Salzachtal, 12 km südöstlich von Hallein, auf 850 m Höhe versteckt und ist Ausgangspunkt für Wanderungen ins Tauglgebiet. Besonderer Tipp: eine Wanderung um den Seewaldsee. Wer gut zu Fuß ist, parkt am etwas weiter entfernten Gratis-Parkplatz. *H4*

ABTENAU

(J4) **Abtenau ist ein Tennengauer Ort, wie er typischer nicht sein könnte. Der Marktplatz ist der Treffpunkt der Einheimischen, hier wird eingekauft, Neuigkeiten werden ausgetauscht. Obwohl der Ort (5900 Ew.) etwas verschlafen daherkommt, fühlen sich hier durchaus auch junge Leute wohl.**

Kein Wunder, hier hat man alles, was man braucht: Berge, ein Schwimmbad und hochwertiges Essen aus regionalem Anbau. Im Frühsommer schlüpfen die Locals ins Dirndl und die „Lederne" und bringen die Tiere hinauf auf die Alm. Vor allem aber in der kalten Jahreszeit ist Abtenau ein idealer Ausgangspunkt für Action: Gemeinsam mit seinen Nachbargemeinden bildet es die Ferienregion Dachstein-West, ein herrliches Skigebiet mit moderaten Ticketpreisen.

ESSEN & TRINKEN

ROCHERALM

Familiengeführte Alm, auf der du in himmlischer Bergkulisse leckeres Frühstück bekommst. *Mitte Mai–Okt. Mo/Di bis 17 Uhr, Mi–So länger geöffnet | Unterberg 20 | Tel. 06644 31 11 10 | rocheralm.at | €*

SHOPPEN

Auch im ländlichen Abtenau finden sich hübsche Shops für Trendjäger. Das *Frauenzimmer (Markt 24 | frauenzimmer.co.at)* ist Concept Store, Trachten- und Modegeschäft mit schönem Design aus aller Welt – und Werken kreativer Salzburger. In der *Greisslerei Italy (Markt 181 | greisslereiitaly.strikingly.com)* gibt es Frisches aus Italien und Österreich, ökologisch korrekt unverpackt und aus Bioanbau, alles hübsch präsentiert in einem sympathischen Laden.

SPORT & SPASS

Der *Karkogel (1187 m | karkogel.at)* bietet Möglichkeiten für Wanderungen, Downhill, Sommerrodeln und mehr. In *Oberscheffau* startet der *Mühlenrundweg* entlang dem wildromantischen

Eisiges Naturwunder in Werfen

Schwarzenbach zur historischen Getreide- sowie der Marmorkugelmühle am *Schwarzenbachfall*. Vorbei am *Winnerfall* geht es zum *Tennengauer Aussichtspunkt*. In der *Freizeitanlage am Harrbergsee (6 Euro | harrbergsee.at)* badest du vor gigantischer Bergkulisse.

WERFEN

(H5) **Tropfsteinhöhlen und eine der schönsten Burgen im Salzburger Land: Werfen (3000 Ew.) lohnt einen Ausflug.**
Die Gemeinde ist mit der S-Bahn von der Stadt Salzburg gut erreichbar.

SIGHTSEEING

EISRIESENWELT ★

Mit Laterne und warmer Jacke geht es in eine faszinierende Höhle mit riesigen Eissäulen. Knapp über eine Stunde dauert die Reise ins ewige Eis. Komm bei Schlechtwetter besser vor 10 oder nach 14 Uhr, um lange Warteschlangen zu umgehen. *Halbstündl. Führungen, tgl., Mai/Juni/Sept./Okt. 8.30–15.30, Juli/Aug. 8.30–16 Uhr | Eintritt 24 Euro inkl. Bergbahn | eisriesenwelt.at | 75 Min.*

INSIDER-TIPP
Der frühe Vogel wartet nicht

ERLEBNISBURG HOHENWERFEN

115 m über der Salzach thront auf einem Felskegel die Festung Hohenwerfen, wie Hohensalzburg im 11. Jh. von Konrad I. erbaut. Highlight: die Greifvogelschau im Burghof. *April/Okt. Di–So 9.30–16, Mai–Mitte Juli tgl. 9–17, Mitte Juli–Mitte Aug. 9–18, Mitte August–September 9–17 Uhr | Online-Ticket ab 13 Euro | salzburg-burgen.at | 3 Std.*

ESSEN & TRINKEN

REITSAMERHOF

Etwas außerhalb gelegener Landgasthof mit bodenständiger Küche guter Qualität. *Mo/Di geschl. | Reitsam 22 | Tel. 06468 53 79 | reitsamerhof.at | €*

SPORT & SPASS

Abenteuer auf der Salzach: beim Rafting *AOS – Absolute Outdoors Strobl (Saison von April–Okt. | Tel. 03612 2 53 43 | rafting.at)* und Jetboat fahren *(Tel. 0664 4 21 03 85 | jetboat.at).*

RUND UM WERFEN

5 PFARRWERFEN

3 km/4 Min. südl. von Werfen (Auto)

Eine ehemalige römische Poststation, 1074 erstmals urkundlich erwähnt. Interessant sind die sieben unter Denkmalschutz stehenden *Mühlen (Mai–Okt. tgl. 8–19 Uhr, Fr 15–18 Uhr Mahlvorführungen | Eintritt 3,50 Euro | 7muehlen.at)* am Hang des Abergs. *H5*

6 BISCHOFSHOFEN

8 km/10 Min. südl. von Werfen (Auto)

Die älteste Siedlung des Pongaus (10 200 Ew.) ist Skisprungfans als Austragungsort des Finales der alljährlichen Vierschanzentournee bekannt. Die ehemalige romanische *Klosterkirche* beherbergt ein einzigartiges gotisches Marmorhochgrab. Im Besucherzentrum *Geopark Erz der Alpen (tgl. 10–18 Uhr | Eintritt 7 Euro | Rosenthal 41/Schanzengelände | geopark-erzderalpen.at)* tauchst du in die Welt der bunten Erze ein und begibst dich danach im Geopark auf die Spuren des Erzbergbaus. Der „Erzweg Kupfer" etwa ist ein Wanderweg, der von Sankt Veit auf der Sonnenterrasse über Mühlbach zum Arthurhaus und dann weiter bis nach Bischofshofen und Hüttau führt – vorbei an mehreren Museen und Schaubergwerken. *H6*

7 HÜTTAU

14 km/15 Min. südöstl. von Werfen (Auto)

Das Gewerkenhaus aus dem 16. Jh. ist heute Gemeindeamt, Gasthof und Museum zum Thema Erzabbau. *Führungen durch Museum u. Kupferzeche: tgl. Mitte–Ende Mai 14, Juni 11, 14, Juli/Aug. 10–16 Uhr, Sept.–Mitte Sept. 11, 14 Uhr, Mitte Sept.–Mitte Mai bei Voranmeldung | Kombiticket 15 Euro | kupferzeche.at | J6*

8 WERFENWENG

8 km/10 Min. östl. von Werfen (Auto)

Der sonnenverwöhnte Ferienort am Tennengebirge (900 Ew.) hat sich dem Prinzip der sanften Mobilität verschrieben. Mit kleinen „Elois" (Elektromobil-Shuttles) werden die Sommer- und Wintergäste chauffiert, wohin und so oft sie wollen *(werfenweng.org)*. Im Winter kannst du hier mit Schneeschuhen wandern, Ski fahren und Skitouren unternehmen. *H5*

SANKT JOHANN

(📖 H6) **Im Pongau sind die Bergfexe zu Hause. Wer trotzdem nicht auf urbanes Leben verzichten möchte, findet es in der Bezirkshauptstadt Sankt Johann (10 000 Ew.).**
Hier herrscht Balance zwischen Tradition und Moderne: Urige Kaffeehäuser und altbekannte Gasthäuser finden sich neben einer Partymeile (Alpendorf), Kaufhäusern, Shops mit veganer Kleidung und vielen Möglichkeiten für Wellness, Sport und Outdoor.

SIGHTSEEING

LIECHTENSTEINKLAMM

Rechts und links hohe Felsenwände, dazwischen tosende Wasserfälle: Die zahlreichen Klammen sind typisch fürs Salzburger Land. Besonders beeindruckend ist die Liechtensteinklamm. Über gut gesicherte Steige und Stege spazierst du durch dieses Wunder der Natur. *Öffnungszeiten u. Eintrittspreise: liechtensteinklamm.at.*

ESSEN & TRINKEN

HAVANNAH

Zentral im Stadtgebiet von Sankt Johann gelegen, zaubert der Küchenchef mediterrane Genüsse für seine Gäste. Im Sommer mit Terrasse. *Di–So 17–2 Uhr | Hauptstr. 68–70 | Tel. 06412 78 83 | havannah.at | €–€€*

SHOPPEN

Haupteinkaufsmeile ist die Hauptstraße. Raffinierte Schokolade der

Sieben Mühlen bilden das Freilichtmuseum in Pfarrwerfen

Höher, schneller, weiter – im Wintersportparadies Zauchensee

Confiserie Berger (s. S. 110) gibt's in der Nummer 29. Unbedingt auch einen Blick in den nahe gelegenen *Adelsberger (Mo–Fr 9–18, Sa 9–17 Uhr | Hauptstr. 20 | adelsberger.at)* werfen: Von Skandi-Mode bis hin zu nachhaltigen Klamotten gibt es hier für jeden Geschmack etwas.

AUSGEHEN & FEIERN

OBERFORSTHOFALM

Bei Partyabenden mit Livemusik trifft man schon mal Ralf Schumacher oder DJ Ötzi. *Im Sommer Mo–Fr ab 15, Sa/So ab 11 Uhr | Alpendorf 12 | Tel. 06412 63 96 | oberforsthofalm.at*

RUND UM SANKT JOHANN

9 WAGRAIN

8,5 km/10 Min. östl. von Sankt Johann (Auto)

Salzburger lieben den Wagrainer Schriftsteller Karl Heinrich Waggerl. Im *Waggerl-Haus (Feb.–Oster-So Di/Do/So 10–17, Juni–Okt. Di/Do–Fr 10–17, Dez.–Mitte Apr. Di/Do–Fr 10–17 Uhr | 6 Euro | Karl-Heinrich-Waggerl-Str. 1)* tauchst du in vergangene Zeiten ein. *H6*

10 SANKT VEIT

9 km/10 Min. südwestl. von Sankt Johann (Auto)

Wer Sonne mag, wird Sankt Veit lieben. Der Ort in den Bergen wird nicht umsonst die Salzburger Sonnenterrasse genannt. Außerdem ist Sankt Veit für sein Heilklima bekannt. Hier besuchst du das *Schaubergwerk Sunnpau (Mai Mi/So 10–16, Juni–Sept. Mi–Do/So 10–16 Uhr | Eintritt 12 Euro | schaubergwerk-sunnpau.at)*, eines der ältesten Bergwerke Salzburgs. Feines und kreativ serviertes Essen auf Haubenniveau gibt es bei *Vitus Cooking (Do–Mo ab 18 Uhr | Tisch reservieren | Kirchweg 2 | Tel. 06415 43 23 | verwoehnhotel.at | €€€)* | *G–H6*

11 GOLDEGG

13 km/18 Min. südwestl. von Sankt Johann (Auto)

Goldrichtig für Kreative: Künstlertreffpunkte sind in Goldegg das Schloss *(schlossgoldegg.at)* mit vielen Kursangeboten und der berühmte *Seehof (Hofmark 8 | derseehof.at | €€–€€€)*. Outdoor-Fans zieht es zum *Moorbadesee mit Badeanstalt (Mitte Mai–Ende Sept. 9–18 Uhr | Eintritt 4,50 Euro | Hofmark 9)* und auf die zahlreichen Wanderwege *(goldeggamsee.at)*. *G–H6*

ALTENMARKT-ZAUCHENSEE

(J6) **In Altenmarkt-Zauchensee (3700 Ew.) kennt man den Ausdruck „Après Ski" nicht nur vom Hörensagen. Im Austragungsort zahlreicher Ski-Weltcup-Rennen geht es nicht nur sportlich, sondern auch partymäßig richtig zur Sache.** Wen wundert's? Die Landschaft bietet jedem etwas: Langläufern, Skifahrern und Snowboardern. Die *Skiarena Sportwelt Amadé* ist wegen ihrer Größe und Pistenvielfalt beliebt. Übrigens: Bewegung ist den Altenmarktern und Zauchenseeern wichtig: So haben sich die beiden Gemeinden zum 48 km^2 großen *Atomic Vital Park* mit eigenen Angeboten zusammengeschlossen. *Karte, Broschüre und Infos gibt's beim Tourismusverband Altenmarkt-Zauchensee (Sportplatzstr. 6 | Tel. 06452 55 11 | altenmarkt-zauchensee.at).*

ESSEN & TRINKEN

HOAGASCHT

Im gemütlichen alten Kuhstall erlebt man echte *Hoagascht*: gemütliches Zusammensein bei gutem Essen, Slow Food auf Salzburgerisch. Spannend: der Mix aus Pongauer und asiatischer Küche. *Do–Di 11–22 Uhr | Flachau 14 | Tel. 06457 3 24 90 | hoagascht.at* | €€

PAULAREI

Köstlich und ehrlich nennt sich die Paularei selbst. Vor allem aber ist sie ziemlich cool – ihr Signature Food sind Burger in allen Variationen. Highlight an den Wänden sind die Kunstwerke des Salzburger Streetart-Paars JANA & JS. *Tgl. 11.30–22 Uhr | Flachauerstr. 353 | Tel. 06457 2 20 58 04 | paularei.at* | €€

INSIDER-TIPP Streetart zum Steak

RUND UM ALTENMARKT

12 RADSTADT

4 km/4 Min. nördl. von Altenmarkt (Auto)

Nur knapp 5000 Einwohner haben sich in Radstadt angesiedelt, und trotzdem hat der Ort jede Menge zu erzählen. Von den Bauernaufständen im 16. Jh. sind Stadtmauern und Wassergraben übrig, heute haben erfolgreiche Startups hier ihr Headquarter. Wer in Shoppinglaune ist, schaut bei *Rappl Moden (Mo–Fr 8.30–18, Sa 8–13 Uhr | Schernbergstr. 13 | rappl.at)* vorbei. Essen gibt's nebenan im *Stegerbräu (tgl. 11.–21 Uhr | Tel. 06452 43 13 | stegerbraeu.at | €–€€)*. *J6*

13 FILZMOOS

17 km/18 Min. nordöstl. von Altenmarkt (Auto)

Der Ferien- und Skiort (1400 Ew.) am Fuß der Bischofsmütze ist auf Familien ausgerichtet. Im Erlebnispark gibt es Möglichkeiten zum Planschen, Erholen und Klettern und viel Spaß für Kinder. Faszinierende Aktion im Januar: Bei der „Nacht der Ballone" kannst du einen Flug mit einem Heißluftballon buchen und die Festlichkeiten rund um die alljährliche Hanneshof Heißluftballontrophy *(ballonfahren-filzmoos.com)* genießen. *K5*

INSIDER-TIPP
Aufstieg mit heißer Luft

14 OBERTAUERN

15 km/22 Min. südl. von Altenmarkt (Auto)

Das langgezogene Straßen-(Hotel-) Dorf, das südlich von Altenmarkt auf der Passhöhe (1739 m) des Radstädter Tauern liegt, verwandelt sich im Winter in eine Skimetropole *(obertauern.com)* mit sicherer Schneelage. *K7*

BAD GASTEIN

(H8) **In ★ Bad Gastein (4200 Ew.) fühlt man sich wie in einem Wes-Anderson-Film. Teilweise verfallene Villen stehen neben hippen schwedischen Cafés – und mitten im Ort rauscht ein imposanter Wasserfall.**

Vieles erinnert an die ruhmreichen Zeiten, als der Ort ein Must für kaiserliche Kurgäste war. Nach langem Dornröschenschlaf wacht Bad Gastein nun wieder auf – mit einem *Flying Fox* übers Tal, als Herberge für internationale Künstler, die zur *sommer.frische.kunst (sommerfrischekunst.de)* anreisen, und als Zufluchtsort schwedischer und Berliner Hipster, die um die Kraft des Tales wissen. Auch zur Kur kommt man immer noch hierher: Thermen laden zur Entspannung und Genesung ein.

ESSEN & TRINKEN

GINGER N' GIN

Hier gibt es eine durchaus beeindruckende Gin-Auswahl, Asian-Fusion-Food und den Charme der Kaiserzeit mit dazu. *Tgl. ab 18 Uhr | Kaiser-Franz-Joseph-Str. 14 | Tel. 06434 3 04 51 | gingerandgin.at | €€*

INSIDER-TIPP
Da muss man Gin!

WALDHAUS RUDOLFSHÖHE

Kleines, feines Haus mit Blick über das Gasteinertal. 600 Jahre geht die Hotelgeschichte zurück, Kaiserin Sisi soll hier gepicknickt haben ... Leckere Küche – auch für Wandersleute. Mittwochs bis sonntags gibt es ein wechselndes Drei-Gänge-Menü in der Panoramahütte (nur nach vorheriger Reservierung). *Di–So 12–17 Uhr | Hardtweg 1 | Tel. 06434 2 04 46 | rudolfshoehe.at | €€*

DAS REGINA

Trendy – im Hotel Regina trifft sich die Kreativszene. Tagsüber an der Bar italienischen Kaffee schlürfen, abends auf Kissen vorm Kaminfeuer philosophieren. Satt wirst du bei raffinierter Hausmannskost. *Restaurant tgl. ab 19 Uhr | Karl-Heinrich-Waggerl-Str. 5 | Tel. 06434 2 16 10 | dasregina.com | €€*

ROSSALM

Moderne Alm mit Ausblick sowie guter österreichischer und europäischer Küche. *Mo–So 10–16, Mi–Fr auch 18–22 Uhr | Stubnerkogelstr. 36 | Tel. 06434 3 04 04 | rossalm.cc | €*

SPORT & SPASS

Das Gasteiner Tal ist ideal zum Paragliden und Drachenfliegen. Bike- und Wanderrouten, Infos zu Pisten, Seilbahnen, Skiliften: *skigastein.com*. Eine *Zipline (Kaiser Franz Josef-Str. 16 | 20 Euro | Tel. 0670 4 00 23 50 | flying-waters-bad-gastein.business.site)* bringt Abenteurer in Bad Gastein von einer Seite des Tales auf die andere – mit Ausblick auf den Wasserfall. Wintersportlern werden u. a. mit der neuen *Schlossalmbahn* beste Bedingungen geboten.

RUND UM BAD GASTEIN

15 BAD HOFGASTEIN

9 km/12 Min. nördl. von Bad Gastein (Auto)

Das Gasteinertal setzt sich aus drei Orten zusammen: Bad Gastein, Dorfgastein und Bad Hofgastein. Letzteres ist mit knapp 7000 Einwohnern ein lebendiger Kurort, der auch für junge Leute jede Menge zu bieten hat. Etwa die *Alpentherme (tgl. ab 9 Uhr | Eintritt ab 29,50, Kinder 17,50 Euro | Sen.-W.-Wilflingplatz 1 | alpentherme.com)* – ein herrlicher, nasser Spielplatz sowie Wellnessoase für die Erwachsenen. Eine Gondelfahrt wert ist mittwochs das *Gipfelfrühstück (Preis p. Person 48 Euro | Anmeldung bis Di 17 Uhr unter gastein.com)* am Kreuzkogel – dem höchsten Gipfel der Umgebung: In einer Glaskuppel wird für Gruppen ab 5 Personen ein herrlicher Brunch serviert, den du bei atemberaubender Aussicht genießt. *G7*

INSIDER-TIPP
Kaffee heiß, draußen Eis

Bad Gastein zieht Touristen, Hipster und Künstler an

LUNGAU

URLAUB, DER ECHT IST

In den Lungau, sagt man, hat sich die Sonne verliebt. Vielleicht gefällt ihr die Urigkeit dieser Region. Hier erlebst du das Salzburger Land von seiner echtesten Seite – bei einem Urlaub, der dich erdet.

Vor der Anbindung an die Tauern-Autobahn war man hier praktisch vom Rest der Welt abgeschnitten. Noch heute fällt auf: Im Lungau gibt es keine Ampeln und keine Leuchtreklamen entlang den Straßen, auch Handyempfang ist nicht überall Standard. Natürlich be-

Von Bergen umrahmt: der Schlierersee im Lungau

deutet diese Option zum Digital Detox nicht den Verzicht auf Genuss. Einige Hotels haben sich auf Wellness spezialisiert – beste Kulinarik aus regionalem Anbau inklusive. Dabei vergessen die Lungauer nicht das Einfache: Die bloggende Bäuerin Christina Bauer *(backenmitchristina.at)* etwa zeigt, wie einfach man gesunde Wecken, Semmeln und Schwarzbrot herstellt. Und der Fluss Longa ist nicht nur wunderschön, sondern auch ein Mekka für Fliegenfischer – wer's noch nicht probiert hat, kann es hier lernen.

LUNGAU

MARCO POLO HIGHLIGHTS

★ **BURG MAUTERNDORF**
Unter dem Motto „Lust auf Mittelalter" geht es in der Burg auf Zeitreise
➤ S. 100

★ **STOLLENLEHRPFAD**
In dem alten Bergwerk bei Ramingstein erlebst du, wie die Bergleute im Mittelalter schuften mussten ➤ S. 105

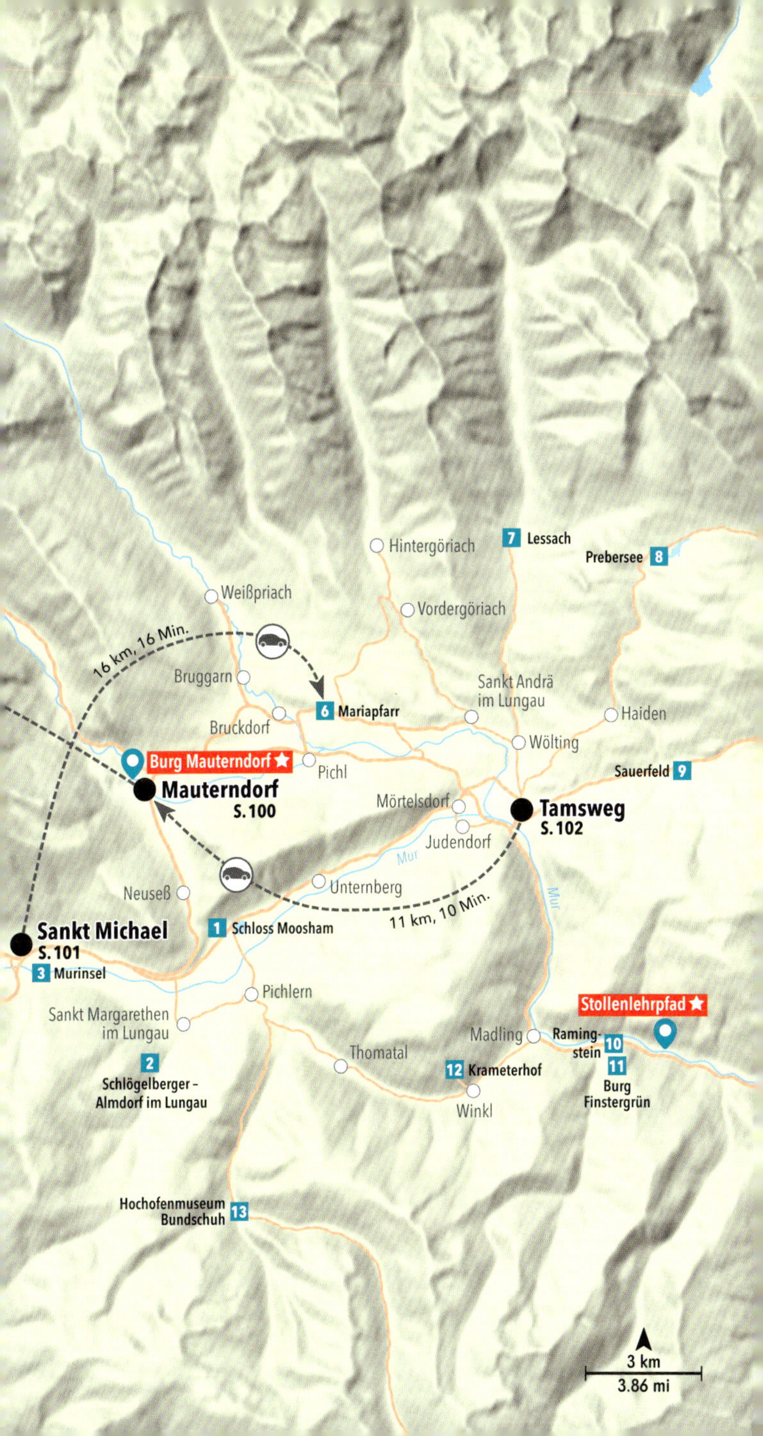
Hintergöriach
7 Lessach
Prebersee 8
Weißpriach
Vordergöriach
16 km, 16 Min.
Bruggarn
Sankt Andrä im Lungau
Haiden
6 Mariapfarr
Bruckdorf
Wölting
Burg Mauterndorf
Pichl
Sauerfeld 9
Mauterndorf S. 100
Mörtelsdorf
Tamsweg S. 102
Judendorf
Mur
Unternberg
Neuseß
Mur
11 km, 10 Min.
Sankt Michael S. 101
1 Schloss Moosham
3 Murinsel
Pichlern
Stollenlehrpfad
Sankt Margarethen im Lungau
Madling
Raming-stein 10
11 Burg Finstergrün
Thomatal
12 Krameterhof
Winkl
2 Schlögelberger – Almdorf im Lungau
Hochofenmuseum Bundschuh 13
3 km
3.86 mi

Burg Mauterndorf: früher Mautstelle, heute Erlebnisburg

MAUTERN-DORF

(▯ L8) **Aus der ältesten urkundlich erwähnten Mautstelle der Ostalpen hat sich Mauterndorf entwickelt. Mit seinen einzigartigen Giebelhäusern und der Römerstraße hat der Ort (1600 Ew.) seinen ganz eigenen Charme.**

In Mauterndorf, aber auch in Tamsweg, Mariapfarr, Sankt Michael und anderen Orten des Lungaus finden *Samsonumzüge* statt. Dabei wird die Figur des biblischen Riesen Samson, von großköpfigen Zwergen begleitet, mit Musik und Tanz durch den Ort getragen. Was früher Teil der Fronleichnamsprozession war, ist heute eine Attraktion bei Sommerfesten.

SIGHTSEEING

BURG MAUTERNDORF ★

Die von Grund auf renovierte Burg war ehemals eine Mautstation und Sommerresidenz der Salzburger Fürsterzbischöfe, und ist heute vor allem für die kleinen Besucher ein Erlebnis. Aber auch für Erwachsene hält die Burg jede Menge Wissenswertes bereit: Wo wurde das Getreide gelagert? Was hat es mit dem Keutschachzimmer auf sich? Und woher kommt der Name Mauterndorf? *Jan. Di/Do 11–19, Feb. Mo–Fr 11–19, Anfang März–Mitte April, Di/Do 11–19, Mitte April–Ende April, tgl. 11–19, Mai/Juni tgl. 10– 18, Juli/Aug. tgl. 9.30–18.30, Sept./Okt. 10–18 Uhr | Eintritt mit Online-Ticket ab 5,50, Kinder (6–14 J.) ab 4 Euro | Tel. 06472 74 26 | salzburg-burgen.at | 2 Std.*

ESSEN & TRINKEN

STEFFNER-WALLNER

Auf der Speisekarte stehen Hausmannskost und Bachforellen. *Tgl. | Markt 90 | Tel. 06472 72 14 | steffner-wallner.at | €*

MESNERHAUS

Das Gute lassen, das Abgewetzte ersetzen – hier weht ein frischer Wind. Im Gourmetrestaurant wird ambitionierte, kreative Küche serviert. Unbedingt reservieren! *Mo/Di geschl. | Mauterndorf 56 | Tel. 06472 75 95 | mesnerhaus.at | €€€*

SHOPPEN

TRAUSNERS GENUSSWERKSTATT

Die Natur ist der Lieferant für die Köstlichkeiten, etwa Marmeladen oder Fruchtgeleewürfel, die du bei Walter und Eva Trausner erstehen kannst. *Mo–Fr 8–12 u. 13–17 Uhr | Steindorf 65 | genusswerkstatt.com*

RUND UM MAUTERNDORF

1 SCHLOSS MOOSHAM

10 km/9 Min. südl. von Mauterndorf (Auto)

Das Schloss (13. Jh.) südlich von Mauterndorf war oft Filmkulisse (z. B. für „Das Vermächtnis der Wanderhure"). Zu sehen sind u. a. eine Folterkammer und eine Wagenburg. Besichtigungen sind nur im Rahmen einer Führung *(Uhrzeiten s. Website)* möglich. *Montags geschl., Juli/August tgl., Nov.–15. Dez. geschl. | Eintritt 11 Euro | schlossmoosham.at | 1 Std. | L8*

2 SCHLÖGELBERGER – ALMDORF IM LUNGAU

11 km/13 Min. südl. von Mauterndorf (Auto)

Auf 1300 m Seehöhe findest du einen Gasthof und sieben voll ausgestattete Holzblockhütten – ideal als Ausgangspunkt für Wanderungen und Mountainbiketouren.

INSIDER-TIPP **Streicheln erlaubt!**

Toll ist der rund 10 ha große und kostenlos zugängliche *Wildpark*, mit Hochlandrindern, Ziegen, Hasen und sogar Alpakas. *Schlögelberger 4 | Sankt Margarethen im Lungau | Tel. 06476 3 13 | almdorf-lungau.at | L8*

SANKT MICHAEL

(K8) **Am Fuß des Katschbergs liegt Michö, wie die Lungauer es nennen.**

Sankt Michael (3600 Ew.) ist sommers wie winters ein idealer Ferienort zum Radeln und Wandern, zum Skilaufen auf Loipen und Pisten. Kunsthistorisch interessant sind die im Mittelalter mehrmals umgebaute *Pfarrkirche* sowie die *Filialkirchen Sankt Ägydius und Sankt Martin* mit romanischen Fresken.

ESSEN & TRINKEN

METZGERSTUB'N

Gute, bodenständige Küche zu reellen Preisen, Talstation des Speiereckliſts, Sonnenterrasse. *Mo geschl. | Meixnergasse 30 | Tel. 06477 81 10 | metzgerstubn.com | €*

SPORT & SPASS

Abwechslung bietet der *Golfclub St. Michael (Feldnergasse 165 | Tel. 06477*

7448 | golfclub-lungau.com). Mit Sesselbahnen geht es von der *Katschberg-Passhöhe* aufs *Aineck* und aufs *Speiereck*. E-Bike-Touren kannst du bei *Sport Rest (Poststr. 408 | Tel. 06472 2004440 | sport-rest.com)* machen. Du suchst das Glück der Erde auf dem Rücken der Pferde? Reitstunden und Wanderreiten bietet das *Alpine Pferdezentrum (Katschberghöhe 421 | Tel. 0664 2844583 | Tel. 04734 29911 | pferdezentrum-katschberg.at).*

5 DENKMALHOF MAURERGUT

16 km/20 Min. nordwestl. von Sankt Michael (Auto)

Der typische Lungauer Einhof in Zederhaus wurde von 1509 bis 1978 durchgehend bewirtschaftet. Zu sehen sind u. a. eine Mühle mit Leinstampf und ein *Troadkastn* für die Aufbewahrung der Vorräte. *Juni–Sept. Mi/So 14–17 Uhr | Eintritt 3 Euro | denkmalhof-maurergut.at | K8*

RUND UM SANKT MICHAEL

3 MURINSEL

1 km/4 Min. von Sankt Michael (Fahrrad)

Im Erholungsgebiet im Fluss Mur lässt es sich herrlich baden, picknicken, inlineskaten, Rad fahren und wandern. An der Insel vorbei führt der 475 km lange Murradweg, der im Lungau startet und bis nach Kroatien führt. | *K8*

4 NATURPARK RIEDINGTAL

13 km/14 Min. nordwestl. von Sankt Michael (Auto)

Im Naturpark, am Ende des Zederhaustals, lernst du auf Themenwegen die Lungauer Fauna und Flora kennen.

INSIDER-TIPP Bequeme Alternative

Mit den *Tälerbussen (taelerbus.at)* können auch Menschen, die nicht so gut zu Fuß sind, die autofreie Idylle genießen. | *K8*

TAMSWEG

(L8) **Am Zusammenfluss von Mur, Taurach und Laßnitzbach liegt die Bezirkshauptstadt Tamsweg mit knapp 5600 Einwohnern.**

Auf dem Marktplatz, der von gediegenen Bürgerhäusern samt dem historischen Rathaus gesäumt ist, ist für Lungauer Verhältnisse viel los. Im Ort starten der *Lungauer Tälerbus (taelerbus.at)* und die *Murtalbahn (Dampfsonderzüge, Amateurfahrten: Ende Juni–Ende Sept. | club760.at)*, die über Ramingstein und Murau nach Unzmarkt in der Steiermark fährt.

SIGHTSEEING

SANKT LEONHARD

Im Mittelalter war Sankt Leonhard eine der meistbesuchten Wallfahrtskirchen des Landes. Eindrucksvoll sind die aus der Zeit des Kriegs zwischen Friedrich II. und dem Salzburger Fürsterzbischof stammende Befestigungsmauer (1473) sowie die goldgelb und blau verglasten Fenster.

Erzählen Geschichten: die kunstvollen Fenster der Kirche Sankt Leonhard

ESSEN & TRINKEN

GOLDBRÜNDL

Das Wirtshaus ist ein beliebter Treffpunkt der Einheimischen. *Di–So ab 10 Uhr | Murgasse 19 | Tel. 0664 2 30 35 83 | facebook | €*

SPORT & SPASS

Tamsweg ist Ausgangspunkt für eine der schönsten Biketouren des Landes.

INSIDER-TIPP
Pack die Radlerhose ein!

Die 42 km lange Strecke überwindet 1250 Höhenmeter und führt an den Prebersee und nach Lessach. Infos unter: *alpintouren.com*

Die gesamte Region Lungau wurde von der Unesco als Modellregion für nachhaltige Entwicklung anerkannt. Biosphären-Fexe oder Landschaftsvermittler führen Interessierte unter dem Gesichtspunkt der Nachhaltigkeit durch die Natur (z. B. Bettina Klarenbeek, *dreilaenderwirt.at*).

RUND UM TAMSWEG

6 MARIAPFARR

6,5 km/10 Min. nordwestl. von Tamsweg (Auto)

Um ungestört neue Kraft zu tanken, eignet sich der heilklimatische Kurort (2400 Ew.) allein schon wegen seiner Lage auf 1120 m. Zugleich ist er einer der sonnenreichsten Orte Österreichs. 4,5 km entfernt, im nördlich gelegenen *Göriachtal*, finden sich typische Lungauer Almen.

Ergänzend zu den Erholungsfaktoren, die Sonne und Höhenlage bieten,

genießt du im *Vital- und Wellnesscenter Samsunn (tgl. 14–21.30 Uhr | Eintritt 14 Euro | samsunn.at)* die wohltuende Wirkung des Wassers. Es gibt einen modernen und umfangreichen Spa-Bereich mit verschiedenen Saunen und Dampfbädern.
Eine Seltenheit ist das À-la-carte-Restaurant des Hotels *Örglwirt (Di.–So. 11.30–13.30, 18–20.30 Uhr | Pfarrstr. 18 | Tel. 06473 82 07 | oerglwirt.com | €–€€).* Das Lokal wurde für seine vegane und vegetarische Vollwertküche mit einer grünen Haube ausgezeichnet. Ebenfalls empfehlenswert: der historische *Biobauernhof Suppangut (Pichl 10 | Tel. 06473 82 69 | €–€€).* Hier geben sich Paare gern in der historischen Kapelle direkt am Hof das Jawort. *L8*

INSIDER-TIPP
Das gute Gewissen isst mit

7 LESSACH

7 km/9 Min. nördl. von Tamsweg (Auto)

Mit knapp 600 Ew. ist Lessach eines der kleinsten und am höchsten gelegenen Bergbauerndörfer des Landes. Auf dem einmaligen *Friedhof* sind alle Gräber mit *Sarchen* (schwarzen Brettern) eingefasst und mit einfachen Kreuzen geschmückt. Damit wird sinnbildlich zum Ausdruck gebracht, dass der Tod weder nach Rang noch nach Namen unterscheidet. *L7*

8 PREBERSEE

9 km/11 Min. nordöstl. von Tamsweg (Auto)

Das gibt es nur im Lungau: Das Wasser des Prebersees hat eine einzigartige Oberflächenspannung, die Objekte abprallen lässt. Auf dieser Eigenschaft basiert das traditionelle Preberschießen: Zielscheiben sind über dem Wasser angebracht. Der Schütze visiert die Spiegelbilder, das Geschoss prallt am Wasser ab und trifft – vielleicht. Dieses Phänomen begeistert auch internationale Gäste, und viele, darunter Walt Disney – so erzählt man es sich zumindest im Lungau – haben versucht, auf anderen Seen das Schießen zu kopieren, ohne Erfolg. *L-M7*

INSIDER-TIPP
Eine faszinierende Laune der Natur

9 SAUERFELD

4 km/5 Min. östl. von Tamsweg (Auto)

Der kleine Ort hat eine lange Webtradition. So besteht die *Handweberei Pirkner (Führung nach Anmeldung bei Rosalinde Küstner | Tel. 0676 3 70 30 86)*, als Sauerfelder Weberei bekannt, bereits seit mehr als 600 Jahren. Neben Möbelstoffen werden vor allem Bauernleinen und Bauernraß (ein Wolle-Leinen-Gemisch) hergestellt. Im Wollstadl auf dem *Trimmingerhof (Di 18–20, Sa 9–12 Uhr | Sauerfeld 40 | Tel. 06474 81 64)* lernst du die Techniken der Wollverarbeitung kennen und kannst Wollkleidung sowie Käse, Schnaps, Tee und Marmeladen in Bioqualität kaufen. *M8*

10 RAMINGSTEIN

8 km/9 Min. südöstl. von Tamsweg (Auto)

Wo vom 15. bis 18. Jh. Silber abgebaut wurde, kann man heute auf einem 900 m langen ★ *Stollenlehrpfad (Führungen Mai–Okt. nach Anmeldung | Eintritt 11,50 Euro (für Kinder ab 4 J. geeignet) | Tel. 06474 22 96 | silberbergwerk.net)* den mittelalterlichen Bergbau kennenlernen. Besucher erhalten Schutzjacke, Helm und Karbidlampe. Festes Schuhwerk und strapazierfähige Kleidung sind notwendig. Zum Essen geht's ins *Dorfwirt Bräu (Mo geschl. | Kirchtratten 70 | Tel. 06475 3 03 | dorfwirt-brau.at | €).* L8

11 BURG FINSTERGRÜN

9,5 km/12 Min. südöstl. von Tamsweg (Auto)

Imposant steht die Burgruine bei Ramingstein auf 950 m Höhe über der Mur, imposant ist der Blick über das Tal. Zu Beginn des 20. Jhs. wurde neben der Ruine eine Burg im mittelalterlichen Stil gebaut. Ein edles Hotel war in den 1920er- und 1930er-Jahren dort, wo heute die Evangelische Jugend ein Kinder- und Jugendfreizeitheim betreibt (Übernachtung für jedermann). „Finsterling" heißt der Burggeist, der durch die Räume spuken soll. *Führungen Mai–Okt. Di–So 14 Uhr und nach Anm. | Führung 8,50 Euro | burg-finstergruen.at |* L8

12 KRAMETERHOF

10 km/15 Min. südöstl. von Tamsweg (Auto)

Auf dem auf 1500 m Höhe gelegenen Einödhof wurde vom Visionär Sepp Holzer die bislang einzige funktionierende Permakultur Europas aufgebaut. Hier wird nach der Philosophie gearbeitet, die Natur zu begreifen und nicht zu bekämpfen: *Permanent Agriculture* steht für das harmonische Zusammenleben von Bauer, Pflanzen und Tieren. Neben Fichten und Legföhren wachsen Kirsch-, Marillen- und sogar Zitronen- und Kiwibäumchen. *Keusching 13 | Ramingstein | Seminarangebote, Anmeldung Tel. 06475 2 39 | krameterhof.at |* L8

13 HOCHOFENMUSEUM BUNDSCHUH

17 km/20 Min. südwestl. von Tamsweg (Auto)

Das Industriedenkmal 12 km südwestlich von Tamsweg ist eine Eisenschmelzanlage aus dem Jahr 1867. Bis 1903 lag im Thomatal das größte Bergbaugebiet des Landes. *Mai–Sept. Mo/Mi/Fr 10–16, So 15–18 Uhr | Eintritt 8 Euro | Bundschuh 17 | hochofen-bundschuh.at | 1,5 Std. |* L8

Hochmoor am Prebersee

PINZGAU

URIG STATT URBAN

Der Pinzgau bietet mit seinen Dreitausendern, Gletschern, Grasbergen, tiefen Tälern und klaren Gebirgsbächen landschaftliche Höhepunkte. Möglichkeiten für sportliche Aktivitäten sind hier ebenso zahlreich wie Naturerlebnisse.

Das Leben im größtem Bezirk des Salzburger Landes ist von den Bergen geprägt, Kultur- und Naturlandschaft ergänzen sich in vorbildlicher Weise, und alte Traditionen treffen auf moderne Zeiten. Du musst dich nur entscheiden: Wandern im Nationalpark

Murmeltier in den Hohen Tauern

Hohe Tauern, Mountainbiken zu den Almen, Bergsteigen auf einen Dreitausender oder Geocaching. Wildwassersport auf der Saalach sorgt für Abenteuer – ruhigere Naturelle schwimmen im Zeller See oder erfreuen sich an jeder Menge Naturschauspiele. In Saalfelden–Leogang jagen junge Mountainbike-Fans waghalsig die Hänge hinunter, während Saalbach-Hinterglemm im Winter mit feinem Pulverschnee lockt.

PINZGAU

MARCO POLO HIGHLIGHTS

★ **NATIONALPARKZENTRUM HOHE TAUERN**
Das Infozentrum inspiriert zu Touren in die alpine Wunderwelt ➤ S. 118

★ **KRIMMLER WASSERFÄLLE**
Tosen, Toben, Rauschen, Dröhnen: Der höchste Wasserfall Mitteleuropas ist ein grandioses Naturschauspiel ➤ S. 119

★ **GROSSGLOCKNER-HOCHALPENSTRASSE**
Das Straßenbauwerk führt (fast) auf Österreichs höchsten Berg ➤ S. 115

1 Unken
Bischofswiesen
Unterau
Oberau
Strub
Berchtesgaden
Maurach
Ramsau bei Berchtesgaden
Schönau am Königssee
Königssee
Lofer S. 110
Sankt Martin bei Lofer
DEUTSCHLAND
38 km, 35 Min.
Königssee
2 Weißbach bei Lofer
Obersee
Saalach
Diesbach
Hohlwegen
Lenzing
Grießen
3 Leogang
Saalfelden S. 110
Maria Alm am Steinernen Meer
Weikersbach
Bsuch
Saalbach-Hinterglemm S. 113
Dientalm 4
Gerling
Hintermoos
Dienten am Hochkönig
Jausern
Saalach
Viehhofen
Maishofen
40 km, 40 Min.
Zell am See S. 114
Zeller See
Schüttdorf
Lend
Taxenbach
Piesendorf
Fürth
Gries
Embach
Niedernsill
Salzach
5 Kaprun
Bruck an der Großglocknerstraße
Hundsdorf
Rauris S. 116
Fusch an der Großglocknerstraße
7 Wörth
Stausee Wasserfallboden
Enzingerboden
Bucheben
Stausee Mooserboden
Tauernmoossee
6 Großglockner-Hochalpenstraße
Unterer Bockhartsee
8 Kolm-Saigurn

LOFER

(📖 E4) **Lofer (1950 Ew.) ist von Wiesen und Bergen umgeben.** Locals kommen wegen der vielen Klettersteige. Toller Ausflugstipp vor allem für Familien: das noch recht unbekannte Skigebiet *Almenwelt Lofer*.

ESSEN & TRINKEN

GRUBHOF

Das rustikale Wirtshaus mit gutbürgerlicher Küche liegt neben dem Campingplatz im 3 km entfernten Sankt Martin. *Mo, Mi–Sa ab 17, So 11–23 Uhr | Sankt Martin 39 | Tel. 06588 8 23 70 | grubhof.com | €*

SHOPPEN

BERGER FEINSTE CONFISERIE

Hier wird Verführung in Form von Pralinés, Trüffeln und Biovollkornkeksen geschaffen und verkauft. *So geschl. | Schokoladenweg 1 | confiserie-berger.at*

RUND UM LOFER

1 UNKEN

10 km/12 Min. nordöstl. von Lofer (Auto)

In der Umgebung des Orts (1900 Ew.) finden sich spektakuläre Schluchten wie die *Innersbach-* oder die *Schwarzbergklamm*. Ein Eldorado für Wildwasserabenteuer auf der Saalach ist das *Base Camp (Hallenstein 25 | Tel. 06508 7 23 53 | base-camp.at)*. Im dazugehörigen Hochseilgarten kannst du deine Schwindelfreiheit unter Beweis stellen. Das *Heimatmuseum Kalchofengut (Mai–Okt. Fr 16–21 Uhr | Eintritt 5 Euro | kalchofengut.at)* zeigt bäuerliches Kulturgut und archäologische Funde. *📖 E4*

2 WEISSBACH BEI LOFER

10 km/9 Min. südl. von Lofer (Auto)

Spannende geführte Wanderungen bietet der *Naturpark Weißbach (naturpark-weissbach.at)*. Wer Anstiege nicht scheut, auf den warten unzählige Kilometer an Mountainbikestrecken. Der *Themenweg Walden* informiert über den Lebensraum Wald. *weissbach.at | 📖 F5*

SAALFELDEN

(📖 F5) **Als Einkaufszentrum des Pinzgaus hat die junge Stadt Saalfelden (15 800 Ew.) ganzjährig Saison.**

Zum Jazzfestival Ende August genießen Musikfans hier feinste Töne in ungewöhnlichen Locations *(jazzsaalfelden.com)*.

SIGHTSEEING

MUSEUM SCHLOSS RITZEN

Im Schloss Ritzen fasziniert neben dem Biberghirsch, einer keltischen

Erst hinauf zur Schussfahrt, dann hinein ins Après-Ski: Saalbach-Hinterglemm

Plastik aus dem 1. Jh. v. Chr., vor allem die Krippenschau. *11–17 Uhr, Jan./Feb./Mai/Okt./Dez. Do–So, Juni–Sept. Di–So | Eintritt 5,50 Euro | museum-saalfelden.at | ⏲ 2 Std.*

ESSEN & TRINKEN

BRANDLWIRT

Das ist Lokalkolorit: urig eingerichtetes Lokal mit typisch österreichischer Küche. *Mo/Di geschl. | Ritzenseestr. 1 | Tel. 06582 724 60 | brandlwirt.at | €€*

STADTCAFÉ SAALFELDEN

Bietet eine große Auswahl zum Frühstück und jede Menge Burger, auch vegan. *Do–Mo 10–24 Uhr | Lofererstr. 38 | Tel. 06582 204 62 | stadtcafesaalfelden.at | €*

SHOPPEN

Gute Schnäpse hat die Edelbrennerei von *Siegfried Herzog (Breitenbergham 5 | herzogdestillate.at)*. Wochenmarkt am Rathausplatz *(Fr 8–12.30 Uhr)*.

SPORT & SPASS

Von *Maria Alm* (5 km östlich) aus überqueren geübte Wanderer auf einer schönen, aber anstrengenden Tour in rund zehn Stunden den größten Gebirgsstock der Berchtesgadener Alpen und erreichen Bayern bei St. Bartholomä am Königssee. Am Samstag nach dem Bartholomäustag am 24. August wallfahren jedes Jahr etwa 2000 Menschen auf dieser Strecke wegen eines Gelöbnisses

Klassisches Postkartenmotiv: die Pfarrkirche in Dienten am Hochkönig

aus dem 17. Jh.: Pinzgauer, die die Pest überlebten, pilgerten zum Dank nach St. Bartholomä. *alpintouren.com*

AUSGEHEN & FEIERN

Im *Kunsthaus Nexus (Am Postplatz 1)* gibt's Musik, Kunst und ein cooles Café. Die einheimischen Saalfelder treffen sich gern im *Milwaukee (Loferer Str. 18)*. Daneben locken Bars, Pubs und Tanzcafés.

MAMA THRESL

Das stylische Hotel lockt auch Locals zum leckeren Abendessen. Besonders cool: die Kletterwand an der Hausmauer. *Sonnberg 252 | Tel. 0658 32 08 00 | mama-thresl.com | €€–€€€*

RUND UM SAALFELDEN

3 LEOGANG

7 km/7 Min. westl. von Saalfelden (Auto)

Wo man früher im Bergwerk schuftete, liegt der Erholungs- und Spaßfaktor heute weit über dem Durchschnitt des Landes. Die Gemeinde mit 3000 Ew. umfasst viele kleine Orte, die Umgebung ist ideal zum Wandern, Radfahren und Mountanbiken *(bikepark-leogang.com)*. *Bergbaumuseum (museum-leogang.at)* und *Schaubergwerk (Ende Mai–Ende Okt. Di–So 10–17 Uhr | Eintritt 10 Euro | schaubergwerk-leogang.com)* geben Einblicke in die Arbeitswelt von gestern.

Der *Sinnlehenhof (Hirnreit 8 | Tel. 06583 84 38 | sinnlehen.at | €)* ist eine genial gute Käserei, auf der *Sinnlehenalm* gibt es diesen zu verkosten – und eine ordentliche Almjause gleich dazu. Der Aufstieg ist auch für Kinder schaffbar. Auf dem *Asitz (erreichbar mit Bergbahn Leogang tgl. 9–16.30 Uhr | saalfelden-leogang.com)* befinden sich Österreichs höchstgelegenes Museumsrestaurant und Europas höchstgelegenes Brauhaus.

INSIDER-TIPP **Wer traut sich?**

Adrenalinkick: Bis zu 130 km/h schnell saust du talwärts mit einer der längsten Stahlseilrutschen der Welt, dem *Flying Fox XXL (10–16 Uhr, März Sa/So, Mitte, April tgl., Mai–Juni u. Mitte Sept.–Mitte Okt. Do–So, Juli–Mitte Sept. tgl. | Ticket inkl. Bergfahrt: 79 Euro | Hütten 39 | flying-fox-xxl.at)*. F5

4 DIENTALM

22 km/24 Min. östl. von Saalfelden (Auto)

Die Dientalm belohnt Wanderer nicht nur mit Biokost, sondern lässt Gäste auch hinter die Kulissen schauen. Beim „Tag der offenen Stalltür" erfahren manche Stadtkinder zum ersten Mal, dass Kühe nicht lila sein müssen. Im Winter wird die Alm zur Selbstversorgerhütte, die man mieten kann. Zu jeder Jahreszeit aber hast du hier oben einen unglaublichen Blick in den nächtlichen Sternenhimmel – fern von jeglichen Straßen- und Stadtlichtern! *Mühlbach am Hochkönig 130 | Tel. 06467 73 42 | dientalm.at | € | H6*

INSIDER-TIPP
Allein auf dem Berg

SAALBACH-HINTERGLEMM

(E6) **Saalbach-Hinterglemm (2900 Ew.) zählt zu den beliebtesten Skiregionen Österreichs.** Das liegt nicht zuletzt am hohen Spaßfaktor beim Après-Ski. 55 Seilbahn- und Skiliftanlagen führen zu 200 km Pisten.

ESSEN & TRINKEN

ALPEN-KARAWANSERAI

Modernes Design-Hotel mit großzügigem Spa-Bereich, im Gourmetrestaurant treffen sich Orient und Alpen, auch im Herbst und Frühling geöffnet. *Tgl. | Dorfstr. 222 | Tel. 06541 64 97 | alpen-karawanserai.at | €€€*

SHOPPEN

Auf dem Wochenmarkt verkaufen lokale Produzenten ihre Schmankerln: Vorbeischauen, kosten, kaufen! *Apr.–Okt. Fr 8–12.30 Uhr*

SPORT & SPASS

BAUMZIPFELWEG

Am Talschluss von Saalbach-Hinterglemm bietet die an ihrer höchsten Stelle 42 m hohe Holzkonstruktion phantastische Ausblicke auf die Wipfel der Bäume und die Berge. Von der Endstation des Talschlussbummelzugs geht es auf die Lindlingalm, wo der rund 1 km lange Weg mit einer 200 m langen Hängebrücke, der „Golden-Gate-Bridge der Alpen", startet. *Mai–Okt. tgl. 9.30–18, Mitte Dez.–Ende März 11–21 Uhr | Eintritt 9 Euro | baumzipfelweg.at | 1 Std.*

AUSGEHEN & FEIERN

Zum Après-Ski laden zahlreiche Bars und Diskos ein, wie z. B. der *Tanzhimmel (Dorfstr. 140)*, das *Stamperl (Schustr. 29 | stamperl.at)* und *Bauer's Schi-Alm (Skiliftstr. 542 | bauers-schialm.at)*. In Hinterglemm *(E6)* haben der *Goaßstall (Reiterkogelweg 491 | goasstall.at)* und das *Hexenhäusl (Zwölferkogelweg 122 | hex.forsthaus.at)* bis weit nach Mitternacht geöffnet.

ZELL AM SEE

(🗺 F6) **Zell am See (10 000 Ew.) ist die Bezirkshauptstadt des Pinzgaus und als solche im Mittelpunkt des Geschehens: Vom Westen grüßt das Kitzsteinhorn, von Osten das Steinerne Meer und im Rücken liegen die Pinzgauer Grasberge.**

Das Highlight in Zell am See? ⚑ Ein Tag im Schnee – und dann in den See! Das ist hier möglich, denn der Gletscher am Kitzsteinhorn hat bis Juli Saison und inspiriert bis in den Sommer Skifahrer zur Abfahrt. Statt Après-Ski geht's nach der Skitour an den Zeller See. Der Dampfnostalgiezug *Pinzgauer Lokalbahn (Mai–Sept. Mi u. Do | Tel. 06562 40600 | pinzgauerlokalbahn.at)* fährt Gäste bequem zu den *Krimmler Wasserfällen* (s. S. 119). Das Naturspektakel sieht nicht nur imposant aus, sondern kühlt dank der Gischt auch an heißen Tagen.

SIGHTSEEING

ZELLER SEEZAUBER

Grandioses Spektakel im Sommer: Wenn es dunkel wird, illuminiert eine Lasershow der Sonderklasse den Zeller See – Eintrit frei. *Di/Do/So Mai/Juni, Juli/Aug. 22 Uhr, Sept./Okt. 21 Uhr | zellamsee-kaprun.com*

ESSEN & TRINKEN

SCHLOSS KAMMER

Traditionsreiches Landgasthaus in einem Gutshof, großes Angebot an heimischen Gerichten. *Hauptsaison tgl. geöffnet, Zwischensaison Mo geschl. | Kammererstr. 22 | 5,5 km vom Zentrum, in Maishofen | Tel. 06542 682020 | schlosskammer.at | €€*

DER SONNBERG

Elegantes Restaurant mit guter internationaler und regionaler Küche. Dazu der Blick auf See und Bergwelt. *Winter tgl. geöffnet, sonst Mi geschl. | Sonnbergstr. 57 | Tel. 06542 72184 | der-sonnberg.co.at | €€€*

STEINERWIRT 1493

Im „Kulturwirtshaus" finden Einheimische und Gäste bei altösterreichischer Küche zusammen. Autorenlesungen, Kleinkunst und Zither-Abende. *Tgl. 11–22 Uhr | Dreifaltigkeitsgasse 2 | Tel. 06542 72502 | steinerwirt.com | €€*

SPORT & SPASS

Eine Seilbahn führt auf die 1968 m hohe *Schmittenhöhe (schmitten.at)*, die Ausgangspunkt für eine Wanderung über die Pinzgauer Grasberge ist. Der Zeller See lädt zum Schwimmen, Surfen und Segeln ein oder zu einer Bootstour ans Südufer nach *Thumersbach*. Kleiner Höhenflug mit wunderbarem Ausblick gefällig? Bei der *Flugschule Zell am See (flugschule-zellamsee.at)* gibt es einen Schnupperkurs im Segelfliegen.

AUSGEHEN & FEIERN

Nach dem Skifahren wird gefeiert: In der *Pinzgauer Diele (pinzgauer-diele.at)* geht es hoch her, ebenso in der *42 – The Rockbar*, oder im *Insider (bar-zell amsee.at)*. Fans von Blues, Rock und Reggae zieht es in den *Hirschenkeller*. Die *Wunderbar (Esplanade 4–6 | grandhotel-zellamsee.at)* auf dem Dach des Grand Hotels trägt ihren Namen zu Recht! Im nahe gelegenen Kaprun lässt du den Tag in der *Baumbar (baumbar.at)* oder im *Kitsch und Bitter (kitschundbitter.at)* ausklingen.

RUND UM ZELL AM SEE

5 KAPRUN

7,5 km/12 Min. südwestl. von Zell am See (Auto)

Kaprun (3000 Ew.) ist durch den Bau der Kraftwerksgruppe *(verbund.at)* und der Gletscherbahnen *(kitzsteinhorn.at)* auf das *Kitzsteinhorn* (Bergstation 3029 m) zu einem Vorzeigekind des österreichischen Wirtschaftswunders mit Ganzjahres-Skibetrieb geworden. Das Kitzsteinhorn ist der höchste für jedermann begehbare Punkt und außergewöhnlichste Aussichtspunkt im Salzburger Land: Die *Gipfelwelt 3000 (kitzsteinhorn.at/de/gipfelwelt-3000)* überrascht im Sommer mit dem Erlebnisbereich Ice-Arena, einer phantastischen Panoramaplattform, der *Nationalpark Gallery* mit Einsichten und Aussichten in die hochalpine Natur, und dem *Cinema 3000* mit 8 m hoher Leinwand.

INSIDER-TIPP
Unverstellter Ausblick

Wer Entspannung sucht, ist vor den Toren Kapruns in der *Tauern Spa World (Sa–Do 9–22, Fr bis 23 Uhr | Tageskarte ab 28 Euro | Tauern Spa Platz 1 | Tel. 06547 20400 | tauernspakaprun.com)* sehr gut aufgehoben. *F7*

Unendliches Wasserparadies zum Sporttreiben oder Entspannen: Zeller See

6 GROSSGLOCKNER-HOCHALPENSTRASSE ★

20 km/24 Min. südl. von Zell am See (Auto)

Die Straße von 1935 verläuft auf 1500 Höhenmetern durch alle Vegetationszonen von der Wiese bis fast zum Gletscher. Ausstellungen entlang der Straße informieren über Geschichte und Landschaft. Um zur Hochalpenstraße zu gelangen, biegst du in Bruck *(🕮 F7)* von der Salzachtal-Bundesstraße ab. Nach 7,5 km erreichst du Fusch, wo die Straße beginnt; weitere 14 km südlich befindet sich die *Mautstelle Ferleiten (Wintersperre Nov.–April | Tageskarte 35,50 Euro | grossglockner.at).* Die gesamte Strecke beträgt 48 km (Berg- und Talfahrt). *🕮 F7–8*

RAURIS

(🕮 G7) **Vor einigen Jahrzehnten hättest du bei einem Besuch in Rauris (3100 Ew.) noch Goldgräber getroffen. Der Ort war für seine Schätze bekannt. Heute kannst du selbst dein Glück versuchen – ein wenig Goldstaub findest du bestimmt!**

Bei den *Rauriser Literaturtagen* im März finden sich Dichter und Schriftsteller zu Lesungen in Wirtshäusern und Bauernstuben ein.

ESSEN & TRINKEN

ANDRELWIRT

Der über 500 Jahre alte Gasthof ist bei Gästen und Einheimischen beliebt. Gute bodenständige Küche. *Tgl. | Dorfstr. 19 | Tel. 06544 64 11 | andrelwirt.com | €–€€*

LANDGASTHAUS WEIXEN

Wanderer belohnen sich hier mit selbst gebrautem Bier, Fisch- und Wildgerichten. *Mo geschl. | Seidlwinklstr. 114 | Tel. 06544 64 37 | weixen.at | €€*

SPORT & SPASS

GOLDWASCHEN

Der Goldbergbau im Rauriser Tal hat Tradition. An den drei Goldwaschplätzen Bodenhaus, Heimalm oder Sportalm wirst du mit fachkundiger Anleitung zum „Schatzsucher". Infos beim Tourismusverband Rauris *(Tel. 06544 2 00 22 | raurisertal.at)*

LEHRWEG RAURISER URWALD

Beim Wandern im Nationalpark Hohe Tauern lernen Kinder die Besonderheiten des Rauriser Urwaldes kennen. Auf Anfrage begleitet euch ein Nationalpark-Ranger. *Kinder 10, mit Gästekarte der Ferienregion Nationalpark 5 Euro | Anmeldung: Nationalparkverwaltung Hohe Tauern, Gerlosstr. 18, Tel. 06562 4 08 49 33 | hohetauern.at.*

RUND UM RAURIS

7 WÖRTH

3 km/5 Min. südl. von Rauris (Auto)

In der Erlebnisausstellung im *Nationalparkhaus „Könige der Lüfte" (Mai–*

Okt. tgl. 14–18 Uhr | Eintritt 5 Euro | Dorfstr. 27 | Tel. 06562 4084933 | hohetauern.at) erfährst du viel über Steinadler, Gänse- und Bartgeier – die größten Vögel der Alpen. Im „Tal der Geier", dem Krumltal, können Tierliebhaber die mächtigen Vögel dann live beobachten. *G7*

8 KOLM-SAIGURN

20 km/20 Min. südl. von Rauris (Auto)
Wo bis Anfang des 20. Jhs. nach Gold geschürft wurde, führt heute ein Rundwanderweg an alten Stollen und Knappenhäusern vorbei (Aufstieg 4 Std.). Die kleine Siedlung ist Ausgangspunkt für Touren auf den *Sonnblick* (3105 m) mit der ältesten Gipfelwetterwarte der Alpen. In jahrtausendelanger Arbeit hat sich die Rauriser Ache den Weg durch den Kalkschiefer gebohrt – und schuf so die *Kitzlochklamm (Mai–Sept. tgl. 8–18, Okt. tgl. 9–16 Uhr | Eintritt 7, Kinder 6–15 J. 4,50 Euro | kitzlochklamm.at | 1,5 Std.).*

INSIDER-TIPP **Für echte Kletterprofis**

Wer sportlich ist, sucht den Adrenalinkick auf einem der herausfordernden Klettersteige. Zusätzlich gibt es einen Steig in der Familienversion, der auch für Kinder und Anfänger geeignet ist. *G8*

MITTERSILL

(D7) **Der größte Ort (5400 Ew.) des Oberpinzgaus. Schon zur Römerzeit führte ein Weg über den Felbertauern nach Norden.**

Interaktives Erlebnis: Nationalparkzentrum Hohe Tauern

Bereits im 16. Jh. besaß *Mittersill* eine Schule, und die Bürgerhäuser mussten oft Hochwasser der Salzach aushalten.

SIGHTSEEING

FELBERTURM

Im Wehrturm aus dem 12. Jh. wurde ein Regionalmuseum mit der vielseitigsten und größten Sammlung aus der Nationalparkregion eingerichtet. *Mai–Okt. Sa/So 13–17 Uhr, Juli–Sept. zusätzlich Di–Fr 10–17 Uhr | Eintritt 5 Euro, Zugang zum Museumsareal kostenfrei | museumswelten-hohetauern.at*

Grandioses Wasser- und Lichtspiel an den Krimmler Wasserfällen

NATIONALPARKZENTRUM HOHE TAUERN ★

Die Erlebnisausstellung *Nationalparkwelten* führt dich in interaktiv gestalteten Naturräumen durch die faszinierende Landschaft des Nationalparks, die du etwa aus der Adlerflugperspektive oder aus der Sicht eines Murmeltierbaus erleben kannst. Die „360°-Nationalparkwelt" bietet mit einem atemberaubenden Panoramafilm einen plastischen Eindruck der Berge. Hier im Zentrum kannst du auch einen Ranger als Begleitung für die Bergtour buchen. *Tgl. 9–18 Uhr | Eintritt 10, Kinder 6–14 J. 5 Euro, jüngere Kinder frei | Gerlosstr. 18 | nationalparkzentrum.at | 2 Std.*

ESSEN & TRINKEN

BRÄURUP

Typischer Gasthof mit Gastgarten, eigener Brauerei, Hausmannskost und internationaler Küche. *Tgl. | Kirchgasse 9 | Tel. 06562 6 21 60 | braurup.at |* €€

SUNNSEIT

Liebevoll geführtes Familienunternehmen mit atemberaubender Aussicht. Auch vegetarische und vegane Kost. *Mo–So 10–18, Fr 10–21 Uhr | Breitmoos 49 | Tel. 0676 7 77 39 96 | sunnseit.at |* €

SPORT & SPASS

Wie wär's mit Paragliding *(flugschule-pinzgau.at)*? Auch einen *Golfclub Mittersill-Stuhlfelden (Tel. 06562 57 00 | golfclub-mittersill.at)* mit 18-Loch-Anlage findest du hier. Fischen (Fliegenfischerschule) bietet der *Gasthof Bräurup (Tel. 06562 62 16)* an. Mittersill ist ein beliebter Ausgangspunkt für Trekking-, Mountainbike- und Radtouren.

RUND UM MITTERSILL

9 HOLLERSBACH

5 km/3 Min. westl. von Mittersill (Auto)

In Hollersbach (1200 Ew.) baute einst Yves Rocher auf 1,5 ha Fläche Kräuter an, u. a. Ringelblumen, Malven und Arnika. Heute ist der *Botanische Garten* mit mehr als 700 Kräuterarten ein beliebtes Ziel für Gartenfreunde. Es gibt einen *Bienenlehrpfad*, Abkühlung bietet der Naturbadesee (mit Abenteuerspielplatz). *D7*

10 KRIMML

26 km/21 Min. südwestl. von Mittersill (Auto)

Die ★ *Krimmler Wasserfälle (April–Okt., übrige Jahreszeit auf eigene Gefahr | Eintritt 4 Euro)* stürzen in drei Stufen 380 m ins Tal und ziehen seit dem 18. Jh. Besucher an. In den *Wasserwelten Krimml (Mai–Okt. tgl. 9–17 Uhr | Eintritt 10 Euro)* am Fuß der Wasserfälle wird das Element Wasser anschaulich begreifbar gemacht. Im „Speckdorf" in Wald im Pinzgau gibt es Speck- und Wurstspezialitäten, Schnaps, Öl sowie feinen Honig zu kaufen *(speckdorf.at)*. Krimml ist Ausgangspunkt für Bergtouren in die Venediger- und die Reichenspitzgruppe (Zillertaler Alpen). Wanderungen zum Krimmler Tauernhaus und ins Wildgerlostal zählen zu den schönsten Salzburgs *(krimmler-tauernhaus.at)*. Infos unter: *Tourismusverband Krimml (Tel. 06564 7 23 90 | krimml.at)* *B7*

11 NEUKIRCHEN AM GROSSVENEDIGER

17 km/12 Min. westl. von Mittersill (Auto)

Bekannt ist der Ort (2500 Ew.) seit der Erstbesteigung des Großvenedigers (3666 m) im Jahr 1841. Er ist Ausgangspunkt für Wanderungen in die *Sulzbachtäler* und in das *Habachtal*, eine der wenigen Smaragdfundstellen Europas. Im Winter herrscht Skizirkus auf dem *Wildkogel* (2224 m).

Das historische *Kupferbergwerk Hochfeld (Führungen Mai–Mitte Okt. | 10 Euro | Zufahrt mit Nationalparktaxi | Tel. 0664 2 31 31 08 | 2 Std.)* kann bei einer Führung besichtigt werden (anmelden!). Es ist eines der originellsten und größten Schaubergwerke (mit 1200 m langem Stollen).

Das autofreie *Naturdorf Oberkühnreit (Tel. 0664 1 04 56 15 | naturdorf-neukirchen.at | €–€€)* mit Schwimmteich und Sauna liegt hoch über dem Salzachtal auf dem sonnigen Bergrücken des Wildkogels: acht Hütten inmitten herrlicher Ruhe. *C7*

12 UTTENDORF

8 km/9 Min. östl. von Mittersill (Auto)

Die Gemeinde (2900 Ew.) am Ausgang des Stubachtales war bereits in der Bronzezeit ein Siedlungsplatz. 500 Urnengräber aus der Hallstattzeit wurden hier gefunden. Der Ort war damals so beliebt wie heute.

Die *Gletscher- und Skiwelt Weißsee (Tel. 06563 2 01 50 | gletscherwelt-weissee.at)* bietet sich als hochalpines Erlebnis für die ganze Familie an: Es locken 20 km Pisten auf 1480 bis 2600 m Höhe für Skifans. *E7*

ERLEBNIS TOUREN

Lust, die Besonderheiten der Region zu entdecken? Dann sind die Erlebnistouren genau das Richtige für dich! Ganz einfach wird es mit der MARCO POLO Touren-App: Die Tour über den QR-Code aufs Smartphone laden – und auch offline die perfekte Orientierung haben.

1 SALZBURGER LAND PERFEKT IM ÜBERBLICK

- Auf den See schauen, sich wie am Meer fühlen
- Jahrhundertaltes Salz schmecken
- Frei sein im Wald

Salzburg → Krimmler Wasserfälle

461 km

7 Tage, reine Fahrzeit ca. 7 Std.

Ranger für die Führung durch den 18 **Nationalpark Hohe Tauern** nur bei vorheriger Anmeldung *(nationalpark.at | Tel. 0656 24 08 49).*

Naturerlebnis mit Aussicht – beim Weißgrubenkopf

VON SALZBURG DIE SEEN ENTDECKEN

Du startest deine Entdeckungsreise durch das Salzburger Land in der Hauptstadt ❶ **Salzburg** ➤ S. 38. Die Route führt direkt zu einem unvergesslichen Ort, in *östlicher Richtung auf der B158 aus der Stadt und über Hof entlang des Fuschlsees in rund 30 Minuten zum Badeort* ❷ **Fuschl** ➤ S. 59. Auf der kleinen **Seepromenade** lässt's sich gut einen Blick über den türkisfarbenen Fuschlsee in Richtung Norden zum Schloss Fuschl werfen, das als Kulisse für die „Sissi"-Filme mit Romy Schneider diente – Nostalgie pur. *Weiter geht es auf der B158* mit Postkartenmotiv-Blick auf den Wolfgangsee *nach* ❸ **Sankt Gilgen** ➤ S. 72. *Parke dein Auto an der Schiffsanlegestelle, von dort aus kannst du gleich links das* **Mozarthaus** ➤ S. 72 besichtigen.

GEMÜTLICH HOCH HINAUS

Nach einer Pause im **Café Dallmann** *(tgl. 10–18 Uhr | Mozartplatz 2a)* geht es im Auto *weiter in Richtung Bad Ischl eine Viertelstunde am blau schimmernden Wolfgangsee entlang bis zum Parkplatz Gschwendt. Vom dortigen Anleger der* ❹ **Wolfgangseeschifffahrt** *(Zeiten nach Aushang) nimmst du ein Schiff zum Anleger* ❺ **Schafbergbahn** ➤ S. 73 in **Sankt**

TAG 1

❶ **Salzburg**

23,5 km 23 min

❷ **Fuschl**

7,5 km 9 min

❸ **Sankt Gilgen**

10,5 km 26 min

❹ **Wolfgangseeschifffahrt**

0,5 km 2 min

❺ **Schafbergbahn**

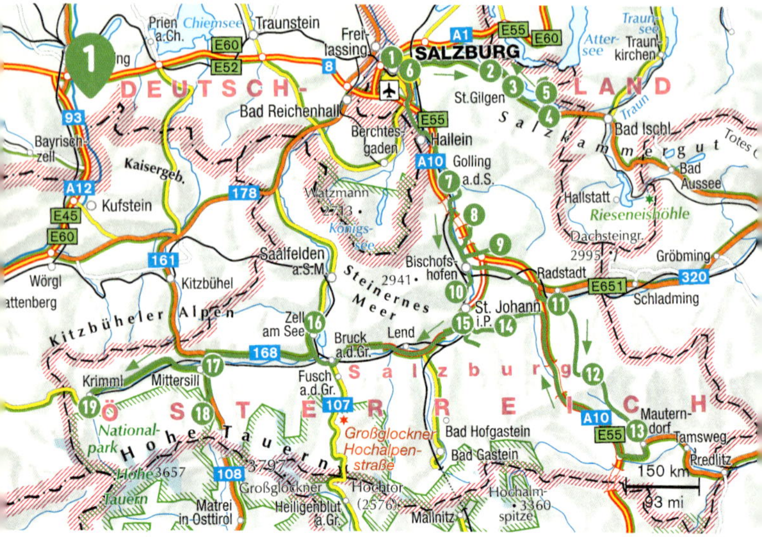

52 km 81 min

6 Star Inn Hotel Gablerbräu

29 km 33 min

TAG 2

7 Golling

29 km 1 h 50 min

Wolfgang ➤ S. 73. *Mit der urigen Zahnradbahn lässt sich der Schafberg* ganz leicht erklimmen und oben die wundervolle Aussicht über das Salzkammergut genießen. Für diese Etappe solltest du hin und retour rund drei Stunden einplanen. *Zurück nach Salzburg geht es auf der B158, wo du im* **6 Star Inn Hotel Gablerbräu** *(starinnhotels.com)* übernachtest. In der Nähe gibt es viele Restaurants.

HÖHLEN IM EIS

Am nächsten Tag heißt es bye-bye Salzburg, denn es geht *auf der B159 über* **Hallein ➤ S. 86** *ins Salzachtal*, das zur Linken vom massiven Tennen- und zur Rechten vom sanfteren Hagengebirge begrenzt ist. In **7 Golling ➤ S. 87** wirfst du einen kurzen Blick auf die mittelalterliche **Burg** *(Mai–Okt. Do–So 9–12 u. 14–18 Uhr | Eintritt 5 Euro | burg-golling.at/museum)* und stillst den knurrenden Magen anschließend im beliebten **Gasthof Abfalter** *(Do–So 11–24 Uhr | Wasserfallstr. 57 | Tel. 06244 44 98 | abfalter.info | €–€€)* ein. Nach dem Mittagessen geht's weiter – und zwar *südwärts auf einer kurvigen Straße zum historischen Pass Lueg*. Hier boten 1809 Salzburgs Freiheitskämpfer Napoleon die Stirn. *Nach* *rund 15 Minuten Fahrzeit gelangst du nach Werfen* ➤ *S. 89, wo dich dein Weg direkt weiter zum Busplatz Gries unterhalb der Burg Hohenwerfen* ➤ *S. 89 im Norden des Orts führt. Von hier aus nimmst du den Bus (alle 25 Min.) zur Bahn der* ⑧ **Eisriesenwelt ➤ S. 89**. Für die Tour ins faszinierende eisige Tunnelsystem solltest du rund drei Stunden einplanen (inkl. Bahn- und Busfahrt). *Danach geht's zurück nach Werfen und dann auf der L229 – rund 10 Minuten – in den malerischen Bergort* **Werfenweng ➤ S. 90**, wo du im ⑨ **Travel Charme Bergresort Werfenweng** *(travelcharme.com | €€–€€€)* speist, übernachtest und deinen Tag im Spa mit herrlichem Bergpanorama ausklingen lassen kannst.

⑧ Eisriesenwelt

16 km 60 min

⑨ Travel Charme Bergresort Werfenweng

GEOLOGISCHE SCHÄTZE ERKUNDEN

Am nächsten Tag *geht es auf der L229 zurück nach Werfen, von dort fährst du auf der B159 in die Vierschanzentournee-Stadt* **Bischofshofen ➤ S. 90**. Dort begibst du dich auf den Rundwanderweg Kupfer im ⑩ **Geopark Erz der Alpen ➤ S. 90** begeben, wo du geologische Phänomene hautnah erleben kannst. Hierfür solltest du rund zwei bis drei Stunden einplanen. *Fahre anschließend in südöstlicher Richtung weiter in die älteste Stadt Salzburgs, nach* ⑪ **Radstadt ➤ S. 93**. Hier bietet das **Hotel Post** *(tgl. | Stadtplatz 8–9 | posthotel-radstadt.at | €–€€)* Gelegenheit zu einem Kaffee oder zum Mittagessen. Wer sich für Geschichte interessiert, sollte das Radstädter **Heimatmuseum** *(Juni–Sept. Mi, Do, Fr 10–*

TAG 3-4

16 km 19 min

⑩ Geopark Erz der Alpen

29 km 23 min

⑪ Radstadt

23 km 25 min

Gemütlich aufwärts geht's mit der Schafbergbahn

Blick über den Fuschlsee und das Schloss

12 u. 14.30–17 Uhr | Eintritt 4 Euro | Schlossstr. 1) im Schloss Lerchen besuchen.

HINEIN IN DIE WANDERSCHUHE

⑫ Obertauern

17,5 km 15 min

Südwestlich von Radstadt wird die Straße kurviger und enger. Dann klettert sie hinauf in die imposante Bergwelt der Radstädter Tauern. In der Gegend um ⑫ **Obertauern** ➤ S. 94 findest du ein wahres Wanderparadies. Daher lohnt sich hier eine Übernachtung, etwa im **Hotel Alpina** *(alpina.co.at)* und plane spätestens am Abend die Route für den nächsten Tag *(bergfex.at)* – denn an Tag 4 steht deine ganz persönliche Wandertour auf dem Programm. Abends übernachtest du noch einmal hier.

ETWAS KULTUR ZWISCHENDURCH

TAG 5

⑬ Mauterndorf

60,5 km 60 min

⑭ Wagrain

9,5 km 12 min

Heute geht es *entlang römischer Meilensteine steil bergab durch Tweng*, mit rund 270 Einwohnern eine der kleinsten Gemeinden Salzburgs, und *anschließend durch das* wildromantische *Taurachtal* nach ⑬ **Mauterndorf** ➤ S. 100, wo du von der Burg bis in den mittelalterlichen Ortskern bummelst. *Weiter geht es dann über Sankt Michael im Lungau über die B96 und Tauernautobahn A1 durch den Tauerntunnel in den Wanderort* ⑭ **Wagrain** ➤ S. 92. Hier begegnest du bei einem Kulturspaziergang der Geschichte zweier berühmten Wagrainer: Joseph Mohr, Texter des Weihnachtslieds „Stille Nacht“, und Heimatdichter Karl Heinrich Waggerl. Anschließend lässt du dir am besten im Café Bosek *(tgl. | Markt 94 | bosek.at)* hausgemachte Leckereien schmecken. *In nordwestlicher Richtung auf der B163 geht es danach in das Alpendorf* ⓯ Sankt Johann im Pongau ➤ S. 91, wo eine Fahrt mit der Gondelbahn *(tgl. 9–17 Uhr, Fahrtdauer 10 Minuten | Berg- u. Talfahrt 19 Euro | alpendorf.com)* auf den Gernkogel (1787 m) den Tag abrundet. Übernachten kannst du zum Beispiel im Hotel Oberforsthof *(oberforsthof.at)*.

⓯ Sankt Johann im Pongau

53 km 45 min

WARM-UP FÜR DEN NATIONALPARK

Um in den Pinzgau zu gelangen, *fährst du die B311 nach* ⓰ Zell am See ➤ S. 114. Hier schlenderst du durch den Ort und wirfst einen Blick auf den tausendjährigen Vogtturm am Stadtplatz. Von der Seepromenade aus kannst du den See umrunden, baden und mit dem Schiff fahren. *Danach geht es dem Ursprung der Salzach entlang in westlicher Richtung in die kleine Stadt* ⓱ Mittersill ➤ S. 117. Highlight des Ortes ist das Nationalparkzentrum Hohe Tauern ➤ S. 118. Besitzer der *Nationalpark Sommercard (nationalpark-sommercard.at)* parken hier übrigens gratis. Begib dich nach einer Stärkung im dortigen Terrassenrestaurant auf eine ca. zweistündige virtuelle Reise durch den Nationalpark. Neun Stationen warten darauf erkundet zu werden. Zur Übernachtung bietet sich u.a. das Schloss Mittersill *(schloss-mittersill.at)* an.

INSIDER-TIPP
Lohnende Investition!

TAG 6
⓰ Zell am See

27,5 km 30 min

⓱ Mittersill

17 km 21 min

ZWEI HIGHLIGHTS ZUM ABSCHLUSS

Am letzten Tourtag steht ein Ausflug in den ⓲ Nationalpark Hohe Tauern ➤ S. 118 auf dem Programm. Entweder erkundest du ihn auf eigene Faust oder du lässt dich von einem Ranger (Anmeldung!) ins Hochgebirge führen (Anmeldung und Infos zu Touren unter unter *nationalpark.at* oder *Tel. 06 56 24 08 49)*. Voraussetzung für einen Alleingang: gute Bergausrüstung und Kenntnisse über mögliche Risiken. *Anschließend fährst du über Mittersill in westlicher Richtung auf der B165 nach* Krimml ➤ S. 119, dort erwarten dich die imposanten ⓳ Krimmler Wasserfälle ➤ S. 119.

TAG 7
⓲ Nationalpark Hohe Tauern

40 km 37 min

⓳ Krimmler Wasserfälle

❷ MIT DEM RAD IM SEENLAND

- Lakehopping auf zwei Rädern
- Das Lied der Hoffnung hören
- Brücke im großen (Jugend-)Stil

Salzburg — Laufen

83 km — 3 Tage, reine Fahrzeit 6,5 Std.

Übernachtungen vorher reservieren!
Nach Salzburg zurück kommst du mit der Lokalbahn von ⓫ **Oberndorf** (Halbstundentakt, Fahrradmitnahme erlaubt) oder mit dem Rad die Salzach flussaufwärts (ca. 18 km) auf österreichischer Seite.

❶ Salzburg

13 km 55 min

❷ Eugendorf

17 km 1 h 12 min

FLUSSABWÄRTS ZUM SCHLOSS

Start ist in der Stadt ❶ Salzburg ➤ S. 38 *am Makartsteg am rechten Salzachufer bei der Statue von Herbert von Karajan. Fahr flussabwärts die Radstrecke entlang auf dem Treppelweg.* Er wurde zur Zeit des Salzhandels angelegt, um die Salzachschiffe flussaufwärts zu ziehen. *Kurz nach dem Kraftwerk Sohlstufe Lehen biegst du scharf rechts in den Radweg, der den Alterbach entlangführt. Einige Bahn- und Straßenunterführungen geht es weiter, bis hin zur Ischlerbahntrasse, die bis 1957 Salzburg mit Bad Ischl verband. Am Samer Mösl, einem Moor mit seltenen Pflanzen, vorbei, geht es auf einem gut asphaltierten Radweg stetig bergauf, bis du über weite Felder nach* ❷ Eugendorf *gelangst,* wo sich ein Blick in die Pfarrkirche zum Heiligen Martin mit der Kreuzigungsgruppe des Barockbildhauers Meinrad Guggenbichler lohnt, die mit ihren lebensgroßen Figuren um 1700 entstand. *Hinter der Kirche biegst du beim Kriegerdenkmal rechts ab.* Gelegenheit fürs Mittagessen findest du hier beim Gastagwirt *(Mi–Mo 11–21 Uhr | gastagwirt.at | €€). Anschließend hältst du dich wieder rechts, unter der Bundesstraße geht's hindurch nach Unzing. Nimm den linken Abzweig nach Henn-*

Berühmte Noten siehst du im Museum zum Lied „Stille Nacht"

dorf➤ *S. 61, und verlass den Ort in Richtung Haslach und Wertheim zum* ❸ **Schloss Sighartstein** (nicht öffentlich zugänglich) – hier musizierte Mozart. Arturo Toscanini und Operndiva Maria Callas waren zu Gast. *Über die Sighartsteinstraße gelangst du, indem du die Bundesstraße querst, nach* ❹ **Neumarkt am Wallersee** ➤ S. 62. Übernachten kannst du im **Ferienhotel Herzog** *(ferienhotel-herzog.at)* – vorher lockt ein Bad im Wallersee oder ein Abendspaziergang am Wasser.

SPAZIERGANG IN DER KLAMM

Heute *verlässt du Neumarkt in Richtung Köstendorf und fährst zur* ❺ **Fischachmühle**. *Lass das Rad stehen und mach zu Fuß einen Abstecher in die* ❻ **Tiefsteinklamm**, um die sich eine mystische Sage rankt. *Danach geht es zurück zur Fischachmühle und weiter nach Schleedorf, wo du im urigen Landgasthaus* ❼ **Hofwirt Schleedorf** *(Mi–So ab 10 Uhr | hofwirt-schleedorf.at | €–€€) Rast machst. Weiter geht's übers Paltingmoos an den* unter Naturschutz stehenden ❽ **Egelseen** *vorbei.* Baden ist hier nicht erlaubt, aber keine Sorge, *auf der Köstendorfer Landstraße (Achtung, kein Radweg!) entlang ist es jetzt nicht mehr weit bis nach* ❾ **Mattsee** ➤ S. 63, wo du dich endlich im Wasser erfrischen

❸ **Schloss Sighartstein**
2,5 km 10 min
❹ **Neumarkt am Wallersee**
7,5 km 30 min
TAG 2
❺ **Fischachmühle**
1 km 20 min
❻ **Tiefsteinklamm**
3 km 30 min
❼ **Hofwirt Schleedorf**
3,5 km 17 min
❽ **Egelseen**
2,5 km 10 min
❾ **Mattsee**

kannst. Check für die Übernachtung schon mal im **Schlosshotel Iglhauser** *(schlosshotel-igl.at)* direkt am See ein. Ein unbedingtes Muss im Ort ist das Porsche-Museum **Fahrtraum** *(tgl. 10–17 Uhr | Eintritt 13 Euro | Passauer Str. 30 | fahrtraum.at)*. Wenn du zur richtigen Zeit unterwegs bist, kannst du anschließend den Abend bei einem klassischen Konzert des **Diabelli-Sommers** ➤ S. 63 ausklingen lassen.

11 km 46 min

ZUM GEBURTSORT EINES BERÜHMTEN LIEDES

TAG 3

Verlass den malerischen Ort in östlicher Richtung und radel am Grabensee vorbei, einem der wärmsten Seen Österreichs. Nach zwei Holzbrücken geht es in Richtung Seeham ➤ *S. 64* *und Obertrum am Nordufer des Obertrumer Sees entlang.* In **⑩ Obertrum** ➤ S. 64 kannst du mit dem **Hofladen Joglbauer** *(nach Anmeldung | Tel. 06219 62 91 | hofladen-joglbauer.at)* einen traditionellen Flachgauer Biobauernhof besichtigen und erfährst viel über biologische Landwirtschaft. Nach einer Biojause lässt du Obertrum hinter dir und *fährst in westlicher Richtung über Mühlbach bis nach* **Anthering**. *Dort nimmst du den Weg durch die Au zur Salzach, bis du auf den Tauernradweg bzw. Treppelweg stößt.*

⑩ Obertrum

20 km 1 h 30 min

Folge diesem flussabwärts bis nach ⓫ **Oberndorf**, wo das Weihnachtslied „Stille Nacht, heilige Nacht" von Joseph Mohr und Franz Xaver Gruber bei der Christmette 1818 in der St. Nikolai-Kapelle uraufgeführt wurde. Im nahen **Stille Nacht & Heimatmuseum** *(tgl. 10–18 Uhr | Eintritt 4,50 Euro)* gibt es Kopien der „Originalnoten" zu kaufen. *Auf der bayerischen Seite der Salzach, verbunden durch eine Jugendstilbrücke, liegt das Städtchen* ⓬ **Laufen**, wo du im Klostergarten des Restaurants **Kapuzinerhof** *(Mo–So ab 11 Uhr | Schloßplatz 4 | kapuzinerhof.de | €€)* deine Radreise durch den Flachgau ganz in Ruhe ausklingen lässt.

⓫ Oberndorf

2 km 9 min

⓬ Laufen

3 STADTBUMMEL DURCH SALZBURG

- Sich wie Mozart fühlen
- Spaziergang mit Denkern und Dichtern
- Kurze und Verlängerte genießen

Cornelius-Reitsamer-Platz

Bazar

ca. 7 km

1 Tag, reine Gehzeit ca. 3 Std.

Achtung: Auf den Stadtbergen die markierten Wege nicht verlassen!

HOCH AUF DEN KAPUZINERBERG

Der Startpunkt liegt in der Fußgängerzone Linzer Gasse am ❶ **Cornelius-Reitsamer-Platz**. *Links durch den Torbogen der Franziskuspforte beginnt ein relativ steiler Anstieg auf alten Pflastersteinen, der an Stationen eines Kreuzwegs entlangführt. Durch die Felixpforte hindurch erblickst du links das Paschingerschlössl* (nicht öffentlich zugänglich), wo Autor Stefan Zweig von 1919 bis 1934 wohnte. *Durch ein weiteres Tor gelangst du zu einer* ❷ **Mozartstatue**. Früher stand hier das Zauberflötenhäuschen, in dem angeb-

❶ Cornelius-Reitsamer-Platz

❷ Mozartstatue

Augenweide – Schloss Mirabell mit Garten, hinten die Festung Hohensalzburg

❸ Franziskischlössl

lich Mozart Teile seiner berühmten „Zauberflöte" komponierte. *Du folgst links dem asphaltierten Weg, der leicht ansteigend bis zum ❸ Franziskischlössl (Mi–So 11–17 Uhr | Kapuzinerberg 9 | franziskischloessl.at) führt.* Der Wehrbau wurde von Erzbischof Paris von Lodron im Dreißigjährigen Krieg errichtet – heute hast du von hier einen phantastischen Ausblick auf den Norden der Stadt bis hin zu den Flachgauer Seen. *Den Kapuzinerberg hinunter führt derselbe Weg wie hinauf.* Das Wasser des Holzbrunnens am Weg ist trinkbar und vielleicht siehst du unterwegs sogar eine Stadt-Gämse.

INSIDER-TIPP
So weit das Auge reicht

OHNE MOZART GEHT ES NICHT

❹ Dreifaltigkeitsgasse

❺ Makartplatz

Wieder in der Linzer Gasse gehst du bergab am Haus der Engel-Apotheke vorbei, an dem ein Gedicht von Georg Trakl (1887–1914) zu lesen ist. *Gleich danach biegst du rechts in die* ❹ Dreifaltigkeitsgasse ein. Kleine Boutiquen säumen die Gasse, bevor du auf den ❺ Makartplatz mit den Magnolienbäumen kommst.

Hier kannst du das ❻ **Mozart-Wohnhaus** ➤ S. 45 *linkerhand besichtigen.* Plane dafür rund eine Stunde ein.

❻ Mozart-Wohnhaus

URIGE MITTAGSPAUSE

Geradeaus siehst du das Geburtshaus des Physikers Christian Doppler (Makartplatz 1). *Spazier zwischen dem Hotel Bristol und dem Salzburger Landestheater hindurch in den* ❼ **Mirabellgarten** ➤ S. 45. Inmitten blühender Pflanzen, vorbei an Statuen griechischer Götter, kommst du zum *Pegasus-Brunnen*. Wenn du eine Münze hineinwirfst, kannst du dir etwas wünschen. Auf den Stufen, die zum Rosenhügel führen, solltest du einen Blick zurückwerfen: Das Fotomotiv ist perfekt. *Links, an einer Vogelvoliere des 18. Jhs. vorbei, gelangst du zum* ❽ **Müllner Steg** der Salzach. Von hier hast du den schönsten Blick auf die Altstadt. *Geh über die Brücke, steig die Treppe zur Müllner Hauptstraße hinauf, diese überquerst du und hältst dich rechts bis zum traditionellen* ❾ **Gasthof Krimpelstätter** *(Di–Sa ab 11 Uhr, während der Festspiele kein Ruhetag | Müllner Hauptstr. 31 | €–€€).* In einer holzgetäfelten Stubn lässt's sich gut zu Mittag essen. *Frisch gestärkt spazierst du anschließend hinter dem Gasthof durch die Moni-*

❼ Mirabellgarten

❽ Müllner Steg

❾ Gasthof Krimpelstätter

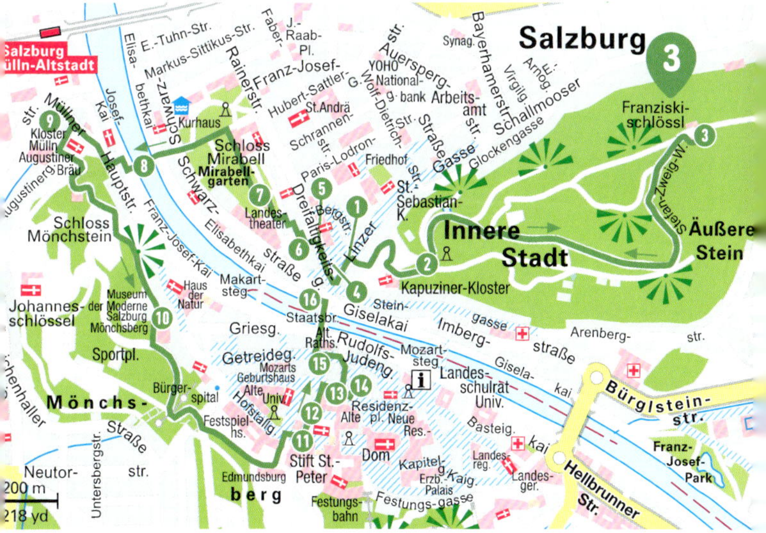

Von der Terrasse des Museums der Moderne liegt dir Salzburg zu Füßen

kapforte, eine alte Wehrmauer, vorbei am Hotel Schloss Mönchstein auf den Mönchsberg.

MUSEALE AUSBLICKE

⑩ Museum der Moderne Mönchsberg

Halte dich links und statte dem ⑩ **Museum der Moderne Mönchsberg** ➤ S. 46 einen Besuch ab, von seiner Terrasse hast du übrigens einen wundervollen Panoramablick über die Stadt! *Der Weg führt weiter durch ein Tor einer Befestigungsmauer in Richtung Festung Hohensalzburg ➤ S. 42 zu einer Anhöhe, wo du über dem Neutor die Altstadt überschauen kannst. Anschließend nimmst du den kleinen Weg links auf der Seite der Altstadt (Vorsicht bei den Stufen!) hinab zu den* **Festspielhäusern** ➤ S. 43. Ist das mobile Dach der *Felsenreitschule* geöffnet, kannst du auf die Bühne hinunterblicken und vielleicht einer Opernprobe lauschen. Rechts siehst du ein rosa Gebäude, die Edmundsburg, diese ist Sitz des **Stefan Zweig Centres** ➤ S. 48. *Die Clemens-Holzmeister-Stiege führt hinab in den Toscanini-Hof. Gleich rechterhand liegt die* ⑪ **Franziskanerkirche** *(tgl. 6.30–19.30 Uhr)* aus dem 8. Jh. mit romanischem Langhaus und gotischem Hallenchor sowie dem Hochaltar von Johann Fischer von Erlach, die du besichtigen kannst.

INSIDER-TIPP
Gratis-Vorstellung

⑪ Franziskanerkirche

KEIN STADTBUMMEL OHNE SHOPPING

In der ⑫ Sigmund-Haffner-Gasse hast du in der Galerie Welz *(galerie-welz.at)* eine große Auswahl an Druckgrafiken. *Beim Ritzerbogen, vorbei an Österreichs ältester noch bestehender Buchhandlung ,* Höllrigl, *biegst du rechts ab und gehst zum Alten Markt, wo du eine Pause im Café* ⑬ Tomaselli ➤ S. 49 *machen kannst.* Vielleicht probierst du sogar einen der hausgemachten Kuchen, die stilecht von Kuchendamen serviert werden. Versäum nicht, anschließend gegenüber in der ⑭ Konditorei Fürst *(Mo–Sa 8–20, So 9–20 Uhr | Brodgasse 13 | original-mozartkugel.com).* Original Mozartkugeln als Mitbringsel zu erstehen. In den Altstadthäusern und in der nahen ⑮ Getreidegasse ➤ S. 44, Salzburgs berühmtester Einkaufsstraße, findest du Shoppingmöglichkeiten – von Kleidung über Souvenirs aller Preisklassen. *Deinen Stadtbummel lässt du linkerhand an der Salzach im Café* ⑯ Bazar ➤ S. 49 *ausklingen.*

⑫ Sigmund-Haffner-Gasse
⑬ Tomaselli
⑭ Konditorei Fürst
⑮ Getreidegasse
⑯ Bazar

④ LANDPARTIE FÜR GENIESSER

- ➤ **Braukunst kennenlernen**
- ➤ **Hochprozentiges probieren**
- ➤ **Behutet wie Kaiser Franz Josef I**

Salzburg — Seebad Nussdorf

230 km — 2 Tage, reine Fahrzeit 3,5 Std.

Mitnehmen: Picknickdecke und -korb, Badesachen
Achtung: Anmeldung nötig für Führung im ② **Hofbräu Kaltenhausen**, Aktionen im ⑥ **Zur Sonnleit'n** und evtl. Führung durchs **Arboretum**!

DEN BIERBRAUERN ZUSCHAUEN

Starte in ① Salzburg ➤ S. 38*, das du auf der B150 in Richtung Anif verlässt.* Im ② Hofbräu Kaltenhausen *(Führungen nach Anmeldung tgl. 10–18 Uhr | 10 Euro |*

① Salzburg
14 km 18 min
② Hofbräu Kaltenhausen

2,5 km 4 min

❸ Brennerei Guglhof

12 km 15 min

❹ Döllerers Genusswelten

26 km 25 min

❺ Salzburger Dolomitenstraße

17 km 18 min

❻ Zur Sonnleit'n

Tel. 06245 7955267 | kaltenhausen.at), das am Fuß von zwei Felstürmen, den zwei Barmsteinen, liegt, machst du deinen ersten Stopp. Dort erhältst du in der ältesten Brauerei Salzburgs Einblicke in die Kunst des Bierbrauens und kannst deinen Picknickkorb mit verschiedenen Bieren befüllen. *Nach nur wenigen Kilometern triffst du in der alten Salzhandelsstadt* **Hallein** ➤ S. 86 *ein*. Hier findest du, umgeben von weiten Wiesen und Obstbäumen, in einem alten Gutshaus die ❸ **Brennerei Guglhof** ➤ S. 86, die Schnäpse, Liköre und Whiskey herstellt und verkauft.

EINFACH NUR GENIESSEN

Der Salzach entlang geht es nun südwärts nach **Golling** ➤ S. 87, wo du im Feinkostladen der ❹ **Döllerers Genusswelten** ➤ S. 87 ein Genusspackerl erstehst, *bevor du dich auf die B162 in Richtung Lindenthal begibst. Von dort führt die B166, die* wildromantische ❺ **Salzburger Dolomitenstraße** mit Blick in die Gebirgswelt *nach Annaberg*, Heimatort von Skistar Marcel Hirscher. *Fahr von Annaberg wieder retour nach Lindenthal und dann weiter nach* **Abtenau** ➤ S. 88. Nun kehrst du im Genussbauernhof ❻ **Zur Sonnleit'n** *(Mo/Do ab 16, Fr–*

So ganztags | 4 Hütten | Schratten 27 | tel. Anmeldung für Aktionen: 0664 3 07 92 23 | €€ | 1–2 Std.) ein. Hier kannst du nicht nur essen, sondern auch Brot backen oder beim Käsemachen zusehen und in einer „Troadkasten-Hütte", einem Getreidespeicher, übernachten.

30 km 32 min

TAG 2

EINMAL AUFS SCHIFF

Auf kurvenreicher Straße fährst du auf den Pass Gschütt (957 m), der die Grenze zwischen Salzburg und Oberösterreich bildet. *Bergab führt er auf der B 166 ins Salzkammergut, wo du nach* Hallstatt ➤ S. 76 *abbiegst. Park den Wagen, steig in ein Schiff der* 7 Hallstattschifffahrt *(Juni–Okt. | 12 Euro | hallstattschifffahrt.at)* das dich vom Stadtzentrum in den südlichen Teil des Hallstätter Sees ➤ S. 77 und wieder retour fährt.

7 Hallstattschifffahrt

10,5 km 10 min

GUCKEN UND SCHLEMMEN

Entlang des Westufers fährst du anschließend nach 8 Bad Goisern. Im Primusbergerhof *(tgl. | Primesberg 3 | primusbergerhof.at)* gibt es neben selbst gemachten Marmeladen auch Gedrechseltes. Das Arboretum *(Untersee 11 | Mai–Okt. frei zugänglich, Führung nach Anm. ab 5 Pers. | Tel. 06135 76 02)* mit

8 Bad Goisern

Leckeren Proviant gibt's im Feinkostladen von Döllerers Genusswelten

21 km 20 min

9 Bad Ischl

38 km 36 min

10 Gmunden

59,5 km 55 min

11 Seebad Nussdorf

mehr als 1000 botanischen Raritäten aus aller Welt kannst du kostenlos besuchen. *Auf der B145 gelangst du nach* 9 Bad Ischl ➤ S. 74, wo du in der Konditorei Zauner zu einem Zaunerkipferl und einer Melange einkehrst. Im Hutgeschäft Bittner *(Mo–Fr 9–12 u. 14–18, Sa 9.30–13 Uhr, 1. Sa im Monat auch 14–16 Uhr | Schutzenbichl 15 | bittner.co.at)* werden noch die originalen Ischler Hüte, wie Kaiser Franz Joseph I. sie trug, kaufen. *Von Ischl gelangst du über Ebensee* ➤ *S. 81* *am Traunsee entlang nach* 10 Gmunden ➤ S. 79, wo du dem Keramikglockenspiel des Rathauses lauschen und am See flanieren kannst. *Du verlässt Gmunden in Richtung Westen und kommst über den Weißenbacher Sattel zum Westufer des Attersees.* Lass die Tour mit einem Bad im 11 Seebad Nussdorf *(tgl. Mai–Sept. | Eintritt frei, nur Parkgebühr 4 Euro | attersee-baeder.at)* ausklingen, und nun kommt auch endlich der Picknickkorb zum Einsatz.

5 ZU ALMEN UND SENNERN

- ➤ **Mutprobe im eiskalten Bergsee**
- ➤ **Das Tal von der Ferne sehen**
- ➤ **Auf Elektrizität verzichten**

Start: Hüttschlag	Ziel: Sonneggbrücke
Strecke: 42 km	Dauer: 3,5 Tage, reine Gehzeit 17,5 Std.
Höhenmeter: 1000 m	Schwierigkeit: mittel

Mitnehmen: Wanderausrüstung, Hüttenschlafsack
Achtung: Auf den blau markierten Enzian-Wegen bleiben! Infos: *salzburger-almenweg.at.*
Das Wandertaxi bestellst du bei **Taxi 600**!

TAG 1

1 Hüttschlag

GUT GEFRÜHSTÜCKT? – LOS GEHT'S!

Die Wanderung beginnt in 1 Hüttschlag (1000 m) im hinteren Großarltal. *Von dort geht es auf der Straße taleinwärts über die Wolfaukapelle, bis vor Karteis links ein Fußweg abzweigt. Der führt –* mit herrlichem Blick ins Tal – *über das Oberstein-Gehöft und weiter über* die unbewirtschafteten Almen ❷ **Halmoosalm** *und* ❸ **Karteisalm** (1661 m) *zum Karteistörl*, einem offenen Gelände mit Lärchen.

5700 m 2 h 11 min
❷ Halmoosalm
2600 m 1 h 31 min
❸ Karteisalm
4300 m 2 h 46 min

SPRUNG INS KALTE WASSER

Am Törl beginnt nun der schönste Abschnitt zur ❹ **Tappenkarseehütte** (1825 m) und zum ❺ **Tappenkarsee**, der an manchen Stellen bis zu 100 m tief ist und zu den höchstgelegenen Seen der Alpen zählt. Hartgesottene wagen ein Bad im Wasser, das sich auch im Sommer nur bis zu 14 Grad erwärmt.

❹ Tappenkarseehütte
1000 m 15 min
❺ Tappenkarsee
230 m 3 min

VERSCHNAUFEN VOR DEM AUFSTIEG

Nach einem leichten Weg am See entlang und einer Rast auf der ❻ **Tappenkarseealm** *(Mai–Mitte Okt. | haus-kristall.com | €)* mit guter Küche *beginnt der sehr steile Anstieg zum* ❼ **Draugsteintörl** (2090 m). Oben hast du die höchste Stelle der Wanderung erreicht. *An den Flanken des Draugsteins geht es hinunter zu den* ❽ **Almen am Draugstein** *(Anf. Juni–*

❻ Tappenkarseealm
1300 m 1 h 6 min
❼ Draugsteintörl
1600 m 34 min
❽ Almen am Draugstein

Verdiente Pause auf der Alm

Ende Sept. | Schrambachhütte: Tel. 06417 274 | Steinmannhütte: Tel. 06417 265 | steinmannbauer. at | €) auf 1778 m, wo du den Tag auf der Steinmannhütte mit einer Hüttenjause in Bioqualität ausklingen lässt.

ALMENHOPPING

TAG 2

⑨ Filzmoossattel
800 m 50 min
⑩ Draugstein
4900 m 1 h 41 min
⑪ Loosbühelalm
1500 m 31 min
⑫ Weissalm
1300 m 27 min

Am nächsten Tag führt dich der Weg an der Südwestflanke des Draugsteins (2356 m) vorbei. Mach einen Abstecher vom ⑨ **Filzmoossattel**, wo du auf der Filzmooshöhe das „Strahlenkreuz" bewundern kannst, *hinauf auf den* ⑩ **Draugstein**, einen imposanten Kalkstein mit herrlichem Panoramablick. Für den Auf- und Abstieg kannst du rund eineinhalb Stunden einkalkulieren. *Wieder zurück beim Filzmoossattel verläuft der Weg kontinuierlich 350 Höhenmeter zur* **Filzmoosalm** (1710 m) *hinunter und weiter zur großzügig ausgebauten* ⑪ **Loosbühelalm** *(Mai–Mitte Okt. | Tel. 06414 4080 | loosbuehelalm.at)*, die auf 1767 m liegt. *Der Weg führt an einer der ursprüng-*

Auf der Karseggalm wird gemütlich eingeheizt

lichsten Hütten, der 12 **Weissalm** *(Juni-Anfang Okt. | Tel. 0664 4 37 80 20 | weissalm.at/hp | €) vorbei* – probier dort unbedingt die hausgemachten Krapfen! *Folge dem Weg dann weiter, bis du mit der urigen* 13 **Ellmaualm** *(Mitte Juni-Sept. | Tel. 0664 4 55 04 11 | ellmau alm-grossarl.at | €) das Etappenziel erreicht hast.* Hier können bis zu 15 Personen in wenigen Einzelzimmern oder im Bettenlager übernachten.

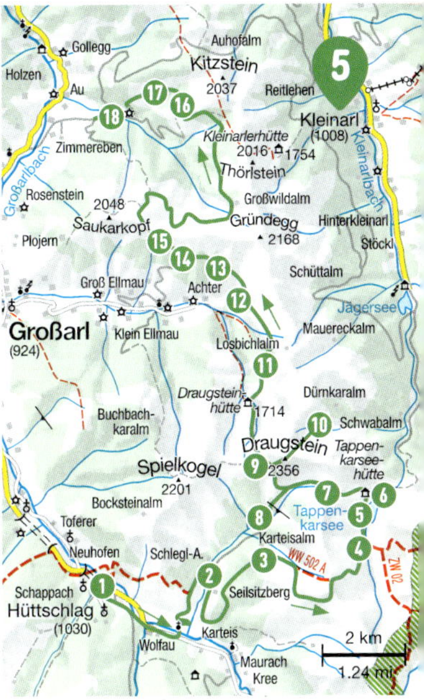

SCHÖNSTES PANORAMA

Die dritte Etappe bringt dich von der Ellmaualm über einen Höhenweg mit beeindruckenden Ausblicken auf die Hohen Tauern mit der Glocknergruppe und auf den Hochkönig. Einzig der Abschnitt von der 14 **Hennerbichlalm** (1825 m) zum 15 **Kartörl** (1911 m) ist steiler und deswegen anstrengender. *Von der* nicht bewirtschafteten *Kleinwildalm beginnt der Abstieg zur Großwildalm* (1779 m) *und weiter bergab über einen Güterweg rechts durch einen Fichtenwald zur* 16 **Karseggalm** *(Juni-Okt. | Tel. 06649 96 21 88 | €)* (1603 m), der mit 400 Jahren ältesten Hütte im Großarltal. Hier geht alles etwas einfacher zu: Es gibt keinen Strom, gekocht wird über offenem Feuer, Käse wird geräuchert, und übernachtet wird im Heu.

13 **Ellmaualm**
TAG 3
1250 m 25 min
14 **Hennerbichlalm**
700 m 19 min
15 **Kartörl**
9200 m 2 h 40 min
16 **Karseggalm**

LETZTE ETAPPE

Mit einem phantastischen Blick ins Großarltal beginnt schließlich der *Abstieg zur* 17 **Unterwandalm** *(Juni-Okt. | Tel. 0664 2 41 29 08 | €),* wo oft musiziert wird, *und weiter hinab ins Tal.* Das Wandertaxi **Taxi 600** *(Anmeldung bis 20 Uhr des Vortags | Tel. 06414 6 00 | Preis 3,30 Euro/Person | grossarltal.info)* bringt dich wieder zurück an den Startpunkt der Tour, die erste Haltestelle ist bei der 18 **Sonneggbrücke** (1139 m).

TAG 4
900 m 17 min
17 **Unterwandalm**
2800 m 56 min
18 **Sonneggbrücke**

GUT ZU WISSEN

DIE BASICS FÜR DEINEN URLAUB

ANKOMMEN

Fast tägliche Verbindungen auf dem Luftweg nach Salzburg gibt es von Berlin, Düsseldorf, Frankfurt/Main, Hamburg und Köln mit *Eurowings* oder *Easyjet*. *Flughafen Salzburg W.A. Mozart (Tel. 0662 85 80 0 | salzburg-airport.com)*

GRÜN & FAIR REISEN

Du willst beim Reisen deine CO_2-Bilanz im Hinterkopf behalten? Dann kannst du deine Emissionen kompensieren *(atmosfair.de; myclimate.org)*, deine Route umweltgerecht planen *(routerank.com)* oder auf Natur und Kultur *(gate-tourismus.de)* achten. Mehr über ökologischen Tourismus erfährst du hier: *oete.de* (europaweit); *germanwatch.org* (weltweit).

Auch für Zugfahrer liegt Salzburg günstig: Hier kreuzt die Westbahn (Wien–Zürich) die Nord-Süd-Verbindung von München nach Italien bzw. Slowenien. Zwischen Innsbruck und Salzburg führt eine Strecke durch das Salzachtal, eine zweite, schnellere über Rosenheim. Täglich fahren mehrere ICE zwischen Wien und Bregenz mit Halt in Salzburg.

Das Salzkammergut ist von Passau über Wels (ICE-Halt) zu erreichen. *Zentrale Zugauskunft (24 Std. Tel. 05 17 17 | oebb.at)*.

INSIDER-TIPP
Günstig reisen

Auf einigen Strecken verkehrt neben der ÖBB die *Westbahn* – wer genau schaut, findet für Fahrten zu weniger beliebten Zeiten reduzierte Ticketpreise *(westbahn.at)*.

Salzburg ist mit dem Auto von München aus am besten über die A 8 zu erreichen. Die Westautobahn führt weiter nach Wien, die Tauernautobahn

Panoramaaussicht auf der Großglockner-Hochalpenstraße

A 10 über den Lungau bis nach Kärnten. Auf den österreichischen Autobahnen ist eine *Vignette (Jahresvignette 89,20, für zwei Monate 26,80, für 10 Tage 9,20 Euro)* Pflicht. Vignetten für zwei Monate oder 10 Tage müssen gelocht werden. Sie sind an Tankstellen und in Automobilclubs an den Grenzen erhältlich. Es gibt auch digitale Vignetten für ein Jahr, zwei Monate oder 10 Tage *(asfinag.at)*. Für die Gerlos Alpenstraße, die Großglockner-Hochalpenstraße sowie den Felbertauerntunnel besteht zusätzlich Mautpflicht.

Von Linienbussen wird Salzburg ebenfalls angesteuert. Wenn du mit dem Fernreisebus etwa von *MeinFernbus (fernbusse.de)* oder *Flixbus (flixbus.de)* anreist, kommst du am Salzburger Hauptbahnhof oder am Park&Ride Süd an. Von Letzererem bringen dich die Buslinien 3, 7 und 8 ins Zentrum. Vom Hauptbahnhof hast du Anschluss an den Nah- und Fernverkehr.

WEITER-KOMMEN

AUTO

Die Höchstgeschwindigkeit auf Autobahnen beträgt 130, auf Bundesstraßen 100, in Orten 50 km/h. Die Promillegrenze liegt bei 0,5. Es besteht Anschnallpflicht, und beim Aussteigen auf Autobahnen und Landstraßen müssen Sicherheitswesten getragen werden. Das Telefonieren mit dem Mobiltelefon ohne Freisprechanlage ist verboten (Geldstrafe: 50 Euro). 1. Nov.–15. April: Winterreifenpflicht (Schneeketten, falls vorgeschrieben; Geldstrafe bei Zuwiderhandlung 35 Euro, bei Gefährdung anderer Verkehrsteilnehmer bis zu 5000 Euro). *ÖAMTC (Pannenhilfe Tel. 1 20 | oeamtc.at); ARBÖ (Pannenhilfe Tel. 1 23 | arboe.at)*

IN DER STADT

Salzburg ist eine Fußgänger- und Fahrradstadt. Solltest du mit dem Auto angereist sein, parke dieses im Hotel oder an einer der Park & Ride-Anlagen außerhalb des Stadtzentrums. Sich in den PKW-Verkehr der Innenstadt einzureihen, ist nicht zu empfehlen.

Wenn du ein Leihrad nimmst oder zu Fuß durch die Stadt spazierst, sparst du viel Geld für teure Parkhäuser. Eine Fahrrad bekommst du z. B. bei *AVELO active (10 Euro für 2 Std., 20 Euro für 24 Std. | Mozartplatz | avelosalzburg.com)* oder von *City-Bike (Anmeldung 1 Euro, 1. Std. gratis | Ferdinand-Hanusch-Platz | citybikesalzburg.at)*.

Eine Taxifahrt innerhalb der Stadt kostet rund 7–10 Euro *(taxi.at)*.

ÖFFENTLICHE VERKEHRSMITTEL

Mit den Öffis geht es quer durch die Stadt, die kostenlose App *Salzburg Verkehr (salzburg-verkehr.at)* hilft bei der Weggestaltung und zeigt alle Verbindungen ins Umland. Der öffentliche Verkehr ist an Wochentagen regelmäßig getaktet. Im Normalfall fahren mindestens drei Busse pro Stunde auf allen Linien. Ab Mitternacht und am Sonntag muss man länger auf die Stadtbusse warten. Tipp: Immer vorab prüfen, wann und ob die benötigte Linie fährt.

Vor allem die umliegenden Regionen sind mit Bus oder Zug vom Salzburger Hauptbahnhof unkompliziert erreichbar, wenn man Zeit und nicht zu viel Gepäck hat. In den Süden des Salzburger Landes fahren S-Bahnen und die wesentlich schnelleren Regionalexpresse. Achtung: Wochentags bis ca. Mitternacht verkehren Züge und Busse regelmäßig, am Wochenende und in der Nacht wird es schwieriger. Von Salzburg in den Pinzgau oder Pongau kommst du am besten mit dem Mietwagen *(z. B. sixt.at)*.

FEIERTAGE

1. Januar	Neujahr
6. Januar	Hl. Drei Könige
März/April	Ostermontag
1. Mai	Tag der Arbeit
Mai/Juni	Christi Himmelfahrt; Pfingstmontag; Fronleichnam
15. August	Mariä Himmelfahrt
26. Oktober	Nationalfeiertag
1. November	Allerheiligen
8. Dezember	Mariä Empfängnis
25. Dezember	Christtag
26. Dezember	Stephanitag

IM URLAUB

EINKAUFEN

Supermärkte schließen Mo–Fr meistens um 18 bzw. 19.30 Uhr, am Samstag bereits um 17.00 Uhr. In größeren Tourismusgemeinden kannst du in einigen Supermärkten auch an Sonn- und Feiertagen einkaufen. Shops, die 24 Std. geöffnet haben, sind hingegen eine Seltenheit im Salzburger Land. Boutiquen bleiben am Sonntag geschlossen. Banken öffnen Mo–Fr 8–12.30 u. 13.30–15 bzw. 17.00 Uhr.

INTERNETZUGANG & WLAN

In Salzburg gibt es zahlreiche Kaffeehäuser, in denen WLAN zum guten Ton gehört, in Hotels ist eine kostenlose

FESTE & EVENTS
RUND UMS JAHR

JANUAR
Perchtenumzüge Dreikönig (6. Jan.): Maskenumzüge in vielen Salzburger Bezirken.
Mozartwoche (Salzburg), *mozarteum.at*: zur Feier des Mozart-Œuvres

FEBRUAR/MÄRZ
Ausseer Fasching (Bad Aussee): Spektakel mit Flinserln (Foto) und Trommelweibern

MÄRZ
Rauriser Literaturtage, (Rauris): *rauriser-literaturtage.at:* Deutschspr. Autoren lesen in Bauernstuben.

APRIL
Salzburger Osterfestspiele, *osterfestspiele-salzburg.at:* Opern und Orchesterkonzerte.

MAI/JUNI
Narzissenfest im Ausseer Land: Korso von mit weißen Narzissen geschmückten Autos und Booten, Ende Mai

JUNI
Sonnwendfeuer *(19.–21. Juni)* auf den Höhen der Hohen Tauern

JULI/AUGUST
★ ***Salzburger Festspiele,*** *salzburgerfestspiele.at:* Kulturhöhepunkt mit dem legendären „Jedermann".
Samsonumzüge im Lungau, *lungauervolkskultur.com*
Jazzfestival Saalfelden, *jazzsaalfelden.at:* Ende Aug.

SEPTEMBER/OKTOBER
Ruperti-Kirtag (Salzburg), *rupertikirtag.at:* Domkirchweihfest
Jazz in the City (Salzburg), *salzburgjazz.com:* Kostenloses Jazzfestival

NOVEMBER/DEZEMBER
Krampusläufe (Anif, Grödig, Sankt Johann), *stjohannimpongau.at:* Krampusse begleiten den Hl. Nikolaus am 6. Dez.
Christkindlmärkte: u. a. am Salzburger Dom, Schloss Hellbrunn, am Wolfgangsee und auf Gut Aiderbichl

WLAN-Verbindung Standard. Die Stadt Salzburg stellt auch außerhalb von Konsumflächen einen kostenlosen Hotspot namens *Salzburg Surft (salz burgsurft.at)* zur Verfügung. Wo du im Salzburger Land oder im Salzkammergut kostenlos surfen kannst, erfährst du auf *wlanmap.com*.

POST

Das Porto für Standardsendung (bis 20g) EU-weit 80 Cent. Briefmarken gibt es in den lokalen Trafiken oder in den Filialen der POST AG.

WAS KOSTET WIE VIEL?

Almjause	9 Euro
Cappuccino	3,50 Euro
Mozartkugel	1,40 Euro *für eine originale*
MTB	20 Euro *Mountainbike-Leihgebühr/Tag*
Benzin	1,20 Euro *für 1 l Normalbenzin*
Busfahrt	1,90 Euro *für eine Fahrt in Salzburg (VVK)*

SALZBURG CARD

Mit der *Salzburg Card* und der *Salzburger Land Card* kannst du die Kultur in vollen Zügen genießen. Die *Salzburg Card* gibt es für 24 Std. *(26 Euro)*, 48 Std. *(34 Euro)* und 72 Std. *(39 Euro)*, Infos unter: *salzburginfo.at*. Sie gewährt einmaligen Gratiseintritt in Museen und Schlösser sowie andere kulturelle Einrichtungen, vergünstigten Eintritt für Veranstaltungen sowie die kostenlose Benutzung der öffentlichen Verkehrsmittel; und auch Packages sind möglich (Salzburg-Card plus Übernachtungen). Erhältlich bei Infostellen, an Hotelrezeptionen oder online. Die *Salzburger-Land-Card (6-Tage-Karte 76, 12-Tage-Karte 88 Euro, Kinder 4–15 J. halber Preis, unter 4 J. gratis | salzburgerlandcard.com)* gewährt freien bzw. vergünstigten Eintritt für mehr als 190 Sehenswürdigkeiten und Attraktionen sowie Ermäßigungen für Verkehrsmittel. Gibt's in Tourismusbüros und online.

INSIDER-TIPP
Teuer kannst du dir sparen

STADTFÜHRUNGEN

Die Klassiker bewegen sich rund um die Altstadt. Ein Hit, vor allem bei amerikanischen Gästen, ist die *„The Sound of Music"-Tour (panoramatours.at)*. Außergewöhnliche und unterhaltsame Touren gehen über Mozart und Co. hinaus: *Salzburg Gruseltour (tourguide-salzburg.com), Kleine Bierwanderung (salzburg.info)* oder *Salzburg weiblich (salz burg-guide.at)* erzählen von spannenden Facetten ehemaliger und gegenwärtiger Salzburger. Täglich gibt es eine Mittagsführung durch die Altstadt *(12.15 Uhr ohne Anmeldung | 10 Euro | Mozartplatz 5 | ⏲ 1,5 Std.)*.

ZOLL

Innerhalb der EU dürfen Waren zum persönlichen Gebrauch frei ein- und ausgeführt werden: z. B. bis 800 Zigaretten, 200 Zigarren, 1 kg Tabak, 10 l Spirituosen, 20 l Likör, 90 l Wein (davon max. 60 l Schaumwein) und 110 l Bier. *zoll.de*

NOTFÄLLE

DIPLOMATISCHE VERTRETUNGEN

Deutsches Honorarkonsulat: Dreifaltigkeitsgasse 11 | 5020 Salzburg | Tel. 0662 8 80 20 11 21 | salzburg@hk-diplo.de
Schweizer Honorarkonsulat: Morzgerstr. 44 | 5020 Salzburg | Tel. 0699 1 90 44 09

GESUNDHEIT

Falls die Europäische Krankenversicherungskarte (auf der Rückseite der Chipkarte) nicht akzeptiert wird, musst du die Behandlung zunächst bar bezahlen und die Rechnung später bei der Krankenkasse einreichen.

NOTRUF

Der europaweite *Notruf 112* gilt auch hier für Notfälle aller Art. Alternativ gelten folgende Notrufnummern: *Feuerwehr Tel. 122; Polizei Tel. 133; Rettungsdienst Tel. 144; Ärztenotdienst Tel. 141; Alpinnotruf (Bergrettung) Tel. 140.*

WICHTIGE HINWEISE

NATURGEFAHREN

Auch wenn man Wettervorhersagen und Lawinenwarnungen oft nicht ernst nimmt, sollte man sie im Salzburger Land nicht auf die leichte Schulter nehmen. Wetterumschwünge geschehen oft binnen weniger Minuten, und Gewittern können heftige Stürme vorausgehen. Vor allem an Seen in den Bergen führen Fallwinde zu unerwarteten thermischen Veränderungen. Informier dich und befolge die Warnungen und Warnschilder!

WETTER IN SALZBURG

Hauptsaison
Nebensaison

	JAN.	FEB.	MÄRZ	APRIL	MAI	JUNI	JULI	AUG.	SEPT.	OKT.	NOV.	DEZ.
Tagestemperaturen	2°	4°	10°	14°	19°	22°	24°	23°	20°	14°	8°	3°
Nachttemperaturen	-6°	-5°	-1°	4°	8°	11°	13°	13°	10°	4°	0°	-4°
Sonnenschein Stunden/Tag	2	3	5	6	7	7	7	7	6	5	2	2
Niederschlag Tage/Monat	12	11	10	13	14	15	15	14	12	10	10	11

Sonnenschein Stunden/Tag
Niederschlag Tage/Monat

URLAUBS FEELING

ZUM EINSTIMMEN & AUSKLINGEN

LESESTOFF & FILMFUTTER

SILENTIUM

Der Bestsellerautor Wolf Haas schickt seinen Protagonisten, Privatdetektiv Simon Brenner, glaubhaft und unterhaltsam durch seine Heimatstadt. Da stört man sich auch an der morbiden Geschichte mit schwarzem Humor kaum. Pflichtlektüre! (1999)

DER KLEINE GRENZVERKEHR

So bittersüß, wie Erich Kästner die Zeit um den Anschluss von Österreich an Deutschland im Salzburger Grenzraum beschreibt, schafft das sonst keiner. Auch die Liebe kommt nicht zu kurz. Zum nachdenklich Dahinschmelzen. (1938)

DIE BESTE ALLER WELTEN

Newcomer-Regisseur Adrian Goiginger hat seine Kindheit mit einer heroinabhängigen Mutter verfilmt und zeigt die weniger malerischen Seiten Salzburgs. Harter Tobak, der trotzdem ein gutes Gefühl hinterlässt. (2017)

THE SOUND OF MUSIC

Hit-Musical – die singende Familie Trapp entflieht dem Nationalsozialismus und hinterlässt eine Geschichte, die von Hollywood mit viel Aufwand ins Romantische gewendet wurde. Schauplätze aus dem Film sind bei Fans beliebte Pilgerorte. (1965)

PLAYLIST QUERBEET

0:58

II SCHEIBSTA UND DIE BUBEN – GERDA
Echter Salzburger Hip-Hop mit wunderbarem Wortwitz

▶ THE SOUND OF MUSIC – SIXTEEN GOING ON SEVENTEEN
Hit aus dem gleichnamigen Musical. Ein Must bei einem Salzburgbesuch

▶ STEAMING SATELLITES – HOW DARE YOU
Berühmte Salzburger Indie-Band mit Kultstatus

▶ W. A. MOZART – EINE KLEINE NACHTMUSIK
Um Mozart kommt man in Salzburg nicht herum. Beschwingte Melodie für einen Stadtspaziergang

Den Soundtrack zum Urlaub gibt's auf ***Spotify*** *unter* ***MARCO POLO*** *Austria*

Oder Code mit Spotify-App scannen

AB INS NETZ

FRÄULEIN FLORA
Das größte Portal für junge Stadtkultur in der Stadt Salzburg. Gibt Tipps von Locals zu Essen & Trinken, außergewöhnlichen Orten und Events.
fraeuleinflora.at

BACKEN MIT CHRISTINA
Die bloggende, backende Bäuerin aus dem Lungau hat mit ihrer Leidenschaft zu Brot und Co. einen regelrechten Hype ausgelöst. Auf ihrem Blog teilt sie ihre Lieblingsrezepte mit allen, die sie nachahmen wollen.
backenmitchristina.at

BERGFEX
Auf der Website überzeugt nicht nur der Bereich mit Infos zum Sommerurlaub, sondern auch der Winter-Bereich mit Panoramakarten der Skigebiete für Touren- und Alpinskilauf.
bergfex.at/salzburg

BERGHASEN
Ein Outdoor-Blog für alle, die ihren Urlaub gern sportlich angehen. Zwei Bewegungsfreaks stellen ausführliche Anleitungen zu Berg-, Ski- und Radtouren zur Verfügung.
berghasen.com

TRAVEL PURSUIT

DAS MARCO POLO URLAUBSQUIZ

Weißt du, wie das Salzburger Land tickt? Teste hier dein Wissen über die kleinen Geheimnisse und Eigenheiten von Land und Leuten. Die Lösungen findest du in der Fußzeile. Und ganz ausführlich auf den S. 18–23.

❶ Was meint ein Pinzgauer, wenn er von einer „gschtiaschten Möz" spricht?

a) ein frisch geborenes Kalb
b) eine wichtige Zutat für Bier, nämlich Malz
c) ein niedliches Mädchen

❷ Wie heißen Europas höchste Wasserfälle?

a) Krimmler Wasserfälle
b) Allerheiligen-Wasserfälle
c) Rheinfall

❸ Mit welchem Stück eröffneten 1920 die Salzburger Festspiele?

a) Die Zauberflöte
b) Jedermann
c) Così fan tutte

❹ Wie heißt der berühmte Salzburger Regen?

a) Garnregen
b) Strickregen
c) Schnürlregen

❺ In welchem Jahr wurde die Stieglbrauerei gegründet?

a)1492
b)1921
c)1803

❻ Wer schrieb den Text des weltweit bekannten Weihnachtsliedes „Stille Nacht, heilige Nacht"?

a) Joseph Mohr
b) Franz Xaver Gruber
c) Wolfang A. Mozart

Lösungen: 1c, 2a, 3b, 4c, 5a, 6a

REGISTER

LOB ODER KRITIK? WIR FREUEN UNS AUF DEINE NACHRICHT!

Trotz gründlicher Recherche schleichen sich manchmal Fehler ein. Wir hoffen, du hast Verständnis, dass der Verlag dafür keine Haftung übernehmen kann.

MARCO POLO Redaktion • MAIRDUMONT • Postfach 31 51
73751 Ostfildern • info@marcopolo.de

Impressum
Titelbild: Sulzenalm mit Bischofsmütze (Schapowalow: Rainer Mirau)
Fotos: AWL Images: N. Eisele-Hein (54/55); DuMont Bildarchiv (35), Anzenberger-Fink (66/67, 117, 118); f1online (38/39); M. Gruber (151); huber-images: M. Breitung (148), F. Cogoli (28, 52, 130), C. Dörr (106/107), Gräfenhain (72), H.-P. Huber (77), R. Schmid (46/47); Laif: C. O. Bruch (6/7, 10), M. Dreysse (74), F. Heuer (140/141), P. Ringaud (24/25), C. Stukhard (86, 135), S. Zuder (8); Look: I. Kürschner (123), R. Mirau (Klappe vorne außen, Klappe vorne innen, 1, 112), I. Pompe (138), T. Stankiewicz (137), A. Strauß (120/121), K. Wothe (78); Look/Engel & Gielen (19); Look/Fath, Bethel (127); mauritius images: M. Gospodarek (20), D. Meyrl (82/83), R. Mirau (Klappe hinten, 2/3, 105), V. Preusser (65, 91), U. Siebig (60); mauritius images/age (100); mauritius images/Alamy: M. Benik (11), A. Jemeljanovs (48), L. Paut-Fluerasu (146/147), A. Piatrova (30/31), H. Zapf (27); mauritius images/imagebroker (12/13, 92), N. Eisele-Hein (63), M. Moxter (43), M. Schmidt (95), M. Siepmann (103, 143); mauritius images/Westend61: M. Moxter (44), M. Siepmann (89), W. Weinhäupl (80/81, 124), G. Wojciech (9); picture-alliance: F. Pritz (14/15, 132); picture-alliance/APA/picturedesk.com: H. Lehmann (51), S. Oberhauser (23); T. Stankiewicz (31, 111); vario images: J. Winter (115); vario images/Bildagentur Waldhäusl (70); vario images/Westend61 (26/27, 32/33, 58, 96/97)

16. Auflage 2020, komplett überarbeitet und neu gestaltet

Autor: Matthias Gruber, Siegfried Hetz
Redaktion: Christin Ullmann
Bildredaktion: Veronika Plajer
Kartografie: © MAIRDUMONT, Ostfildern (S. 36–37, 122, 128, 131, 134, 139, Umschlag außen, Faltkarte); © MAIRDUMONT, Ostfildern, unter Verwendung von Kartendaten von OpenStreetMap, Lizenz CC-BY-SA 2.0 (S. 40–41, 56–57, 68–69, 84–85, 98–99, 108–109)
Als touristischer Verlag stellen wir bei den Karten nur den De-facto-Stand dar. Dieser kann von der völkerrechtlichen Lage abweichen und ist völlig wertungsfrei.
Gestaltung Cover, Umschlag und Faltkartencover: bilekjaeger_Kreativagentur mit Zukunftswerkstatt, Stuttgart; Gestaltung Innenlayout: Langenstein Communication GmbH, Ludwigsburg
Texte hintere Umschlagklappe: Lucia Rojas
Konzept Coverlines: Jutta Metzler, bessere-texte.de

Printed in China

FSC www.fsc.org MIX Paper from responsible sources FSC® C124385

MARCO POLO AUTOR
MATTHIAS GRUBER
„Bloß weg aus Salzburg" schwor sich Matthias Gruber mit 18. Doch wie das Leben so spielt, kehrte er nach einer Auszeit in der weiten Welt in seine Heimatstadt zurück. Heute arbeitet der Ex-Exilant als freier Autor und ist Mitherausgeber des Salzburger Stadtmagazins *fraeuleinflora.at*. Dafür erkundet er mit seinem Team die jungen Seiten und versteckten Winkel des Salzburger Landes.

BLOSS NICHT!

FETTNÄPFCHEN UND REINFÄLLE VERMEIDEN

UNFREUNDLICH SEIN

In anderen Teilen der Welt sind Wirte, Verkäufer und Co. harsche Sprache vielleicht gewohnt, im Salzburger Land sieht man Unfreundlichkeit allerdings sehr ungern und vergisst sie auch nicht so schnell.

ARGLOS IN DEN SCHNEE

Oft genügt ein einziger falscher Tritt, um eine Lawine auszulösen. Der Rückgang der Gletscher führt vermehrt zu verbreiterten Gletscherspalten. Weiche nicht von ausgeschilderten Routen ab, und befolge die Ratschläge der Bergführer und Hüttenwirte.

WEIDETIERE FÜR ZUTRAULICH HALTEN

Wenn du auf Wanderungen an Almweiden vorbeikommst, halte Distanz zu den Tieren, insbesondere zu Stieren und Widdern, aber auch zu Kühen, Schafen und Ziegen. Das gilt übrigens auch für den Urlaub auf dem Bauernhof: Der vertrauliche Umgang empfiehlt sich nur im Beisein eines Menschen, der die Tiere kennt.

IM BUS NICHT AUFSTEHEN

Du hast einen Sitzplatz im Bus ergattert und jemand steigt ein, der ihn nötiger braucht, – bitte unbedingt aufstehen. Gute Manieren werden in Salzburg großgeschrieben.

MIT DEM AUTO ZU STOSSZEITEN IN DIE STADT

Du liebst es, regungslos auf einer Straße festzustecken? Dann fahr zu Stoßzeiten (8 und 16 Uhr) z. B. in die Salzburger Imbergstraße. Kein Interesse? Verzichte in Salzburg lieber auf den fahrbaren Untersatz und nimm das Rad oder geh zu Fuß!